Homilías/Homilies

Reflexiones sobre las Lecturas Dominicales
Reflections on the Sunday Readings

Ciclo/Cycle B
Tomo/Book 1
1st Edition

Deacon Frank Enderle
Diácono Francisco Enderle

ISBN 978-0-9748747-4-6
©2005 Frank Enderle
All rights reserved
Derechos reservados
Enderle Publishing

Índice

Introducción............................1

ADVIENTO
Primer Domingo.....................2
Segundo Domingo..................4
Tercer Domingo......................6
Cuarto Domingo.....................8

NAVIDAD
Sagrada Familia....................10
Epifanía del Señor................12

TIEMPO ORDINARIO
Bautismo del Señor...............14
Segundo Domingo................16
Tercer Domingo....................18
Cuarto Domingo...................20
Quinto Domingo...................22
Sexto Domingo.....................24
Séptimo Domingo.................26
Octavo Domingo...................28
Noveno Domingo..................30

CUARESMA
Primer Domingo...................32
Segundo Domingo................34
Tercer Domingo....................36
Cuarto Domingo...................38
Quinto Domingo...................40
Domingo de Ramos..............42

DOMINGOS DE PASCUA
Domingo de Pascua..............44
Segundo Domingo................46
Tercer Domingo....................48
Cuarto Domingo...................50
Quinto Domingo...................52
Sexto Domingo.....................54
Séptimo Domingo.................56

SOLEMNIDADES DEL SEÑOR DURANTE EL TIEMPO ORDINARIO
Domingo de Pentecostés........58
Santísima Trinidad...............60
Cuerpo y Sangre de Cristo....62

TIEMPO ORDINARO
Décimo Domingo..................64
Undécimo Domingo..............66
Duodécimo Domingo.............68
Decimotercero Domingo........70
Decimocuarto Domingo.........72
Decimoquinto Domingo.........74
Decimosexto Domingo...........76
Decimoséptimo Domingo......78
Decimoctavo Domingo..........80
Decimonoveno Domingo.......82
Vigésimo Domingo................84
Vigésimo Primer Domingo....86
Vigésimo Segundo Domingo.88
Vigésimo Tercer Domingo.....90
Vigésimo Cuarto Domingo....92
Vigésimo Quinto Domingo....94
Vigésimo Sexto Domingo......96
Vigésimo Séptimo Domingo..98
Vigésimo Octavo Domingo...100
Vigésimo Noveno Domingo..102
Trigésimo Domingo..............104
Trigésimo Primer Domingo..106
Trigésimo Segundo Domingo...108
Trigésimo Tercero Domingo..110
Jesucristo, Rey del Universo..112

HOMILÍAS/HOMILIES

Este libro contiene reflexiones en español, con sus traducciones al inglés. Fue escrito para los diáconos y sacerdotes que prefieren usar libros de papel con reflexiones para preparar sus homilías en vez de usar Internet para buscarlas. La diferencia entre este libro bilingüe y otros es que las homilías fueron escritas en español y traducidas al inglés y no al revés, como se suele hacer en otros libros. Esperamos que estos libros sean útiles tanto para los predicadores de habla Hispana como para los de habla inglesa que tienen que predicar en español.

Usted tiene permiso para usar cualquier homilía publicada en este libro para su propia reflexión y meditación. Puede usarla, tal cual o en parte, para predicar. No tiene permiso para usarla para cualquier fin comercial o como parte de una obra literaria, sea para vender o no, sin el permiso expreso por escrito del titular de los derechos reservados.

Table of Contents

Introduction ... 1

ADVENT
First Sunday .. 3
Second Sunday ... 5
Third Sunday . 7
Fourth Sunday ... 9

CHRISTMAS SEASON
Holy Family .. 11
Epiphany ... 13

ORDINARY TIME
Baptism of the Lord... 15
Second Sunday ... 17
Third Sunday ... 19
Fourth Sunday ... 21
Fifth Sunday .. 23
Sixth Sunday . 25
Seventh Sunday ... 27
Eighth Sunday ... 29
Ninth Sunday. ... 31

LENT
First Sunday . 33
Second Sunday ... 35
Third Sunday ... 37
Fourth Sunday ... 39
Fifth Sunday . 41
Palm Sunday.. ... 43

SUNDAYS OF EASTER SEASON
Easter Sunday ... 45
Second Sunday ... 47
Third Sunday ... 49
Fourth Sunday ... 51
Fifth Sunday . 53
Sixth Sunday ... 55
Seventh Sunday ... 57

SOLEMNITIES OF THE LORD WITHIN ORDINARY TIME
Pentecost ... 59
Holy Trinity .. 61
Corpus Christi ... 63

ORDINARY TIME
Tenth Sunday . 65
Eleventh Sunday ... 67
Twelfth Sunday... 69
Thirteenth Sunday... 71
Fourteenth Sunday ... 73
Fifteenth Sunday ... 75
Sixteenth Sunday ... 77
Seventeenth Sunday . 79
Eighteenth Sunday ... 81
Nineteenth Sunday ... 83
Twentieth Sunday ... 85
Twenty First Sunday . 87
Twenty Second Sunday ... 89
Twenty Third Sunday ... 91
Twenty Fourth Sunday 93
Twenty Fifth Sunday ... 95
Twenty Sixth Sunday ... 97
Twenty Seventh Sunday ... 99
Twenty Eighth Sunday ... 101
Twenty Ninth Sunday ... 103
Thirtieth Sunday... 105
Thirty First Sunday .. 107
Thirty Second Sunday ... 109
Thirty Third Sunday.. 111
Christ the King Sunday ... 113

HOMILÍAS/HOMILIES

This book contains homilies in Spanish, with English translations, for Liturgical Year B. It was written for deacons and priests who prefer to read the homilies in book form instead of on the Internet. The difference between this bilingual book and others of the same genre is that these homilies were written first in Spanish and translated into English, not vice versa, as is done in other books. We hope that they will be useful not only for those who are native Spanish speakers but also for those who speak English but have to preach in Spanish.

You have permission to use any of the homilies in this book for your own reflection and meditation. You may use them, in whole or in part, to preach. You may not use them for commercial gain or as part of any literary work, whether that work will be published for sale or not, unless you have the express written permission of the copyright holder.

Dedicación/Dedication

***Dedico este libro y toda la serie de libros
Homilías/Homilies
a mi esposa Osane (Q.E.P.D.).
Sin su colaboración y su habilidad editorial nunca
se hubiera escrito este libro.
Diácono Francisco Xavier Enderle Pérez***

***I dedicate this book and all of the books in the
Homilías/Homilies series
to my wife Osane (RIP).
Without her collaboration and editing skills this book
would never have been written.
Deacon Francis Xavier Perez Enderle***

Homilías/Homilies
Reflexiones sobre las Lecturas Dominicales
Reflections on the Sunday Readings
Introduction/Introducción

En el año 2000, Monseñor Frank Friedl y Diácono Ed Macauley le pidieron al Diácono Francisco Enderle, que entonces era el Director Ejecutivo del Diaconado Permanente de la Arquidiócesis de Washington, que escribiese homilías en español para el sitio web, www.homiliesalive.com. Ya en el 2002, el Diácono Enderle, se había mudado a Harrisburg, Pensilvania después de dejar su puesto en la Arquidiócesis de Washington. En este mismo año empezó a publicar en su propio sitio de Internet, www.homilias.net, traducciones homilías en español con sus traducciones en español. En el año 2005, el diacono ya había escrito tres libros de pasta blanda de reflexiones sobre las lecturas de las misas dominicales – para los años litúrgicos A, B y C. Ese mismo año, el diacono termino tres pequeños libros de pasta blanda de reflexiones sobre las lecturas de Días de Precepto para los tres años litúrgicos.

In the year 2000, Monsignor Francis Friedl and Deacon Ed Macauley asked Deacon Frank Enderle, who at that time was the Executive Director of the Permanent Diaconate in the Archdiocese of Washington, to write homilies in Spanish for their webpage, www.homiliesalive.com. By 2002, Deacon Enderle had moved to Harrisburg, Pennsylvania, had left his position with the Archdiocese of Washington. It was there that he began publishing Spanish homilies with translations in English on his own website www.homilies.net. This was one of the first websites in the United States to do so. By 2005, the deacon had written three paperback books of reflections for Sunday Masses – for liturgical years A, B and C. That same year he finished and published three smaller paperback books containing reflections for the readings on Holy Days of Obligation.

Este libro contiene reflexiones en español, con sus traducciones al inglés. Fue escrito para los diáconos y sacerdotes que prefieren usar libros de papel con reflexiones para preparar sus homilías en vez de usar Internet para buscarlas. La diferencia entre este libro bilingüe y otros es que las homilías fueron escritas en español y traducidas al inglés y no al revés, como se suele hacer en otros libros. Esperamos que estos libros sean útiles tanto para los predicadores de habla Hispana como para los de habla inglesa que tienen que predicar en español.

This book contains Spanish homilies with English translations. It is published specifically for deacons and priests who prefer to read homily reflections in a paper book format rather than on the Internet. The difference between this bilingual book and others is that these homilies were originally written in Spanish and translated into English, not vice versa, as in other books. We hope that these books will be useful to native Spanish speakers who preach as well as to native English speakers who find they must preach in Spanish.

Primer Domingo de Adviento
Ciclo B Tomo 1
Lecturas: 1) Isaías 63, 16-17. 19; 64, 2-7 2) 1 Corintios 1, 3-9 3) Marcos 13, 33-37

Este domingo comenzamos la temporada de Adviento. Adviento viene de la palabra *adventus*, que, en latín, significa venida ó llegada. Es tiempo propicio para prepararnos a celebrar, limpios de pecado y en gracia, la venida de Nuestro Señor Jesucristo. Al comienzo de nuestra Iglesia Católica, la temporada de Adviento no existía. Durante los siglos II y III después de Cristo, las comunidades cristianas comenzaron a celebrar el gran acontecimiento del nacimiento de nuestro Salvador. Años después, esta temporada se fue consolidando, entre los siglos VI y VIII, cuando la comunidad cristiana de Roma comenzó a celebrarla. Y desde Roma se fue extendiendo a todo el mundo cristiano.

La temporada de Adviento marca el comienzo del año litúrgico de nuestra Iglesia. Nos puede parecer algo extraño que en estas fechas, en que nos estamos preparando para el nacimiento de Jesús, el Evangelio hable de los últimos tiempos. Ambas temporadas, lo mismo Adviento que Cuaresma, nos piden a los Católicos que nos limpiemos de impurezas y tratemos de mejorar en lo espiritual. A partir del día de hoy, tenemos cuatro semanas hasta el día de Navidad. Es suficiente tiempo para purificarnos, haciendo una buena confesión, liberándonos del pecado, y prometiéndonos, a nosotros mismos, ser más cuidadosos para caer menos en las tentaciones. Dice el Evangelio: "Mirad, vigilad. Pues no sabéis cuando es el momento". Esta es una verdad tan grande como para que la tengamos en cuenta. Ninguno de nosotros – nadie – sabe cuándo será la segunda y última venida de Nuestro Divino Redentor. Cuando venga, en toda su gloria y en toda su inmensidad, ya no tendremos tiempo de hacer nada. Hay que empezar desde ahora. Es por eso que el Señor recomienda que estemos en vela y preparados, que esperemos su regreso con cautela, teniendo en cuenta que en esta vida todo tiene su fin.

¿Y cómo nos prepararemos durante estas cuatro semanas para mejorar nuestras vidas? Primeramente, lo que les he dicho antes: con una buena confesión. El Señor nos está esperando para perdonar todos nuestros pecados. No importa ni la cantidad ni lo grandes que sean. Quiere nuestro arrepentimiento. Él perdona todo. Ningún sacerdote se va a asustar de lo que le digamos en la confesión. La segunda cosa es manteniéndonos en oración con Dios, alabándole y obedeciéndole en todo lo que nos pide. Las escrituras nos dicen bien claro lo que Él quiere de nosotros. Quiere que hagamos un propósito firme para mejorar. Como humanos, tenemos la tendencia de olvidar que un día llegará nuestro fin. Nadie, por muy poderoso, rico e importante que sea, podrá evitar este fin. Para eso hemos venido a este mundo. Meditar sobre esto deberá hacernos mejores seguidores de Cristo, con más responsabilidad. Nuestra Iglesia, con amor y paciencia, nos invita, a través de las lecturas, a ir dejando impurezas, a desprendernos de las cosas que el mundo ofrece y que pueden hacernos pecar. Debemos apartar de nosotros cualquier cosa ó persona que nos impide crecer espiritualmente ó seguir a Dios con dignidad.

En la Segunda Lectura, San Pablo les dice a los cristianos de Corintio, y eso mismo también va para nosotros, que reconozcan la misericordia y la paciencia que el Señor tiene con ellos. A pesar de haber recibido inmensos dones, hay cristianos que, para su propia desdicha, esta temporada de Adviento la dejan pasar deportivamente, en lugar de prepararse y mantenerse firmes para esa Segunda Venida de Cristo en toda su gloria. No seamos como ellos. Pidamos al Espíritu Santo que nos dé la fuerza necesaria para arrepentirnos, dejar el pecado y acercarnos más a Cristo.

First Sunday of Advent
Cycle B Book 1
Readings: 1) Isaiah 63:16-17, 19; 64:2-7 2) 1 Corinthians 1:3-9 3) Mark 13:33-37

This Sunday we begin the Season of Advent. Advent comes from the word *adventus* which, in Latin, means coming or arriving. It is a perfect time to prepare ourselves to celebrate, cleansed of sin and in the state of grace, the coming of Our Lord, Jesus Christ. At the beginning of our Catholic Church, the season of Advent did not exist. During the second and the third centuries after Christ, Christian communities began to celebrate the great event of the birth of our Savior. Years afterwards, this season was consolidated, between the sixth and the eighth centuries, when the Christian community in Rome began to celebrate it. And from Rome it was extended to the entire Christian world.

The season of Advent marks the beginning of the liturgical year of our Church. It can appear somewhat strange to us that during these days in which we are preparing for the birth of Jesus, the Gospel Reading talks to us about the end times. Both seasons, Advent as well as Lent, ask us Catholics to cleanse ourselves of impurities and better our spiritual life. From today on, we have four weeks to go until Christmas. It is enough time for us to purify ourselves, making a good confession, freeing ourselves of sin, and promising ourselves to be more careful so as not to fall into temptation. The Gospel Reading says to us, "Be watchful! Be alert! Because you do not know when the time will be." This is a truth so evident that we should keep it in mind. None of us – nobody – knows when the second and final coming of our Divine Redeemer will be. When He comes, in all of His glory and in all of His immensity, we will not have time to do anything. We have to begin now. That is why the Lord recommends that we be vigilant and prepared, that we await His return cautiously, taking into account that in this life everything must end.

And how do we prepare ourselves during these four weeks to better our lives? First, as I told you before: with a good confession. The Lord is waiting for us to pardon all of our sins. He does not care about the number or the gravity. He wants to see our repentance and He forgives all. No priest is going to be startled by what is said to Him in confession. The second thing is to keep praying to God, praising Him and obeying Him in all that He asks of us. Scripture tells us very clearly what He wants of us. He wants us to make a firm resolution to better ourselves. As human beings, we have the tendency to forget that someday we will come to our end. Nobody, however powerful, rich or important He or she may be, can escape that end. That was why we came into the world. Meditating on this should make us better, more responsible, followers of Christ. Our Church, with love and patience, invites us, through the readings, to begin to cast off impurity, to give up the things that the world offers us that can make us sin. We should separate ourselves from anything or any person that can impede us in our spiritual growth or in our following of God with dignity.

In the Second Reading, Saint Paul tells the Christians of Corinth, and this also goes for us, that they should recognize the Lord's mercy and patience that He has for them. In spite of having received great gifts, there are Christians who, unfortunately for them, will allow this season of Advent to pass lightly, instead of preparing themselves and firmly awaiting the Second Coming of Christ in all of His glory. Let us not be like them. Let us ask the Holy Spirit to give us the strength we need to repent, to set aside sin and come closer to Christ.

Segundo Domingo de Adviento
Ciclo B Tomo 1
Lecturas: 1) Isaías 40, 1-5. 9-11 2) 2 Pedro 3, 8-14 3) Marcos 1, 1-8

En las lecturas de este Segundo Domingo de Adviento, tres grandes figuras de la Biblia: el profeta Isaías, San Pedro y San Juan Bautista, nos muestran que la misericordia de Dios es inagotable. Siempre es fiel. Su paciencia es ilimitada con nosotros y continuamente nos da la oportunidad de regresar a Él.

En la Primera Lectura hemos escuchado las palabras de Isaías. Por mediación de este gran profeta, Dios habló al pueblo judío desterrado en Babilonia. Antes del destierro, un gran número de los judíos habían abandonado su fe. Se dejaron deslumbrar por los ritos religiosos de Babilonia. Dejaron la fe verdadera de sus antepasados, dejaron a su Dios, y comenzaron a adorar ídolos, haciendo suya una religión extranjera. En muchísimas ocasiones, Dios les llamó, dándoles la oportunidad de rectificar y regresar a Él, pero no quisieron escucharle. Debemos tener en cuenta que Dios, a veces, a pesar de su gran paciencia y misericordia, nos manda pruebas, como hizo con el pueblo judío. En ocasiones pueden ser muy duras. Es porque quiere que regresemos a Él, que encontremos el camino. Los judíos desterrados en Babilonia fueron sometidos al poder de los invasores, perdiendo todo lo que tenían. Después el Señor, en su gran misericordia, le dijo al profeta Isaías "Súbete a un monte elevado... alza fuerte la voz… álzala y no temas". Fue cuando Isaías les dio la gran noticia de que el destierro estaba llegando a su término.

San Pedro, en la Segunda Lectura, dice que es inútil divagar, tratando de adivinar cuándo llegará la segunda y última venida de Cristo. En los tiempos de San Pedro, y en los tiempos actuales, había, y hay, mucha expectación sobre cuándo será el final de los tiempos. San Pedro, hablando a su comunidad, les dice que Dios siempre cumple sus promesas. Y les advierte que la única cosa importante para ellos es que estén preparados, porque "El día del Señor llegará como un ladrón". Sigamos también este consejo de San Pedro, procurando estar preparados para ese gran acontecimiento para que cuando venga Cristo, en toda su gloria, nos encuentre en paz con Él y con el hermano y limpios de pecado.

El Evangelio de San Marcos no menciona el nacimiento de Jesús ni tampoco habla de la vida del Señor antes de comenzar su vida pública. Acabamos de escuchar el comienzo de este Evangelio que explica cómo San Juan Bautista, el profeta más grande enviado por Dios, comenzó su predicación en el desierto de Judea. Sus mensajes y sus predicaciones fueron muy similares a las de Cristo. Exhortaba a la conversión, diciendo a los judíos de su tiempo que dejaran los falsos valores, que hicieran una conversión total, un cambio radical de sus vidas. Juan, desde el comienzo de su ministerio, advierte que él viene a preparar el camino y que detrás de él viene otro más poderoso. Juan fue un hombre grande y un gran predicador. Fue el último profeta enviado por Dios. Realizó su misión, con entereza, hasta dar su vida por el Maestro.

Estamos en Adviento, tiempo de conversión, tiempo de reflexionar, rectificar y seguir más de cerca a Dios. Sigamos el ejemplo de San Juan Bautista: su valentía y su vida ejemplar. Dios, a través de la historia, ha hablado por mediación de los profetas. Ellos fueron revelando, poco a poco, el plan divino, la salvación del género humano a través de Jesucristo. Ante una sociedad que ha perdido el sentido de Dios, la Iglesia nos invita a recapacitar sobre nuestros pecados, a readquirir los principios, valores y convicciones de nuestra fe Católica.

Second Sunday of Advent
Cycle B Book 1
Readings: 1) Isaiah 40:1-5, 9-11 2) 2 Peter 3:8-14 3) Mark 1:1-8

In the Readings of this Second Sunday of Advent, three great biblical figures: the prophet Isaiah, Saint Peter and Saint John the Baptist, show us that the mercy of God is infinite. He is always faithful. His patience is without limits with us and He continually gives us an opportunity to return to Him.

In the Second Reading we heard the words of Isaiah. Through this great prophet, God spoke to the Jewish people exiled in Babylon. Before the exile, a great number of Jews had abandoned their faith. They allowed themselves to be dazzled by the religious rites of Babylon. They left the true faith of their ancestors; they abandoned their God, and began to adore idols, going over to a foreign religion. On many occasions, God called out to them, giving them an opportunity to straighten out and return to Him but they did not want to listen. We should realize that God, sometimes, in spite of His great patience and mercy, tests us, as He did the Jewish people. On occasion these tests can be very harsh. This is because He wants us to return to Him, to find our way back to Him. The exiled Jews in Babylon were subjected to the power of the invaders, losing everything they had. Afterwards the Lord, in His great mercy, told the prophet Isaiah, "Go up to a high mountain... raise your voice... raise it and do not fear." That was when Isaiah told them the great news that their exile had reached its end.

Saint Peter, in the Second Reading, says that it is useless to wander around trying to figure out when the second and final coming of Christ will take place. In Saint Peter's time, and in the present times, there was, and there is, great anticipation over when the end times will occur. Saint Peter, speaking to his community, tells them that God always keeps His promises. And He warns them that the only thing that should be important to them is to be prepared because, "The day of the Lord will arrive like a thief." Let us also follow the counsel of Saint Peter, trying to be prepared for this great event so that when Christ comes, in all of His glory, He will encounter us at peace with Him and with our brother, and cleansed of sin.

The Gospel of Saint Mark does not mention the birth of Jesus nor does it speak about the life of the Lord before the beginning of His public life. We just heard the beginning of this Gospel that explains to us how Saint John the Baptist, the greatest prophet sent by God, began his preaching in the desert of Judea. His message and his preaching were very similar to Christ's. He preached conversion, telling the Jews of his time that they should cast off false values, that they should make a complete conversion, a radical change in their lives. John, from the beginning of his ministry, warned that He had come to prepare the way and that behind Him came another who was more powerful. John was a great man and a great preacher. He was the last prophet sent by God. He fulfilled his mission, with integrity, even unto giving up his life for the Master.

We are in the Advent season, a time for conversion, a time to reflect, straighten out and follow God more closely. Let us follow the example of Saint John the Baptist: his valor and his exemplary life. God, throughout history, has spoken through the prophets. They revealed, little by little, the divine plan, the salvation of the human race through Jesus Christ. In a society that has lost its sense of God, the Church invites us to meditate on our sins, to reacquire the principles, values and convictions of our Catholic faith.

Tercer Domingo de Adviento
Ciclo B Tomo 1
Lecturas: 1) Isaías 61, 1-2. 10-11 2) 1 Tesalonicenses 5, 16-24 3) Juan 1, 6-8. 19-28

El Evangelio de hoy dice que surgió un hombre, llamado Juan. Fue enviado por Dios para anunciar la llegada del Mesías que el pueblo judío llevaba esperando por varios siglos. Juan fue el último profeta de la Biblia. Anunciaba, con valentía y fuerte voz, "Preparad el camino del Señor. Allanad sus senderos".

Otros profetas, tal como Isaías, habían anunciado a Juan como, "una voz que clama en el desierto". Con entereza predicaba sobre un Mesías que venía detrás de él. Sabía hablar fuerte, sin tapujos ni miedo. Llegaban a escucharle desde Jerusalén, Judea y alrededores. Apremiaba a los que escuchaban su predicación que se convirtieran y se bautizaran para que se les perdonaran los pecados.

Juan es digno de ser imitado por nosotros, los cristianos, especialmente su honestidad, su humildad y su seguimiento fiel a Cristo. Él no se consideraba digno de ninguna alabanza. Su única misión fue dar a conocer al Mesías que estaba por llegar. Tenía bien asimilado, como lo tienen hoy en día muchos cristianos, lo que es verdaderamente importante y, además, un deber: hablar claro cuando defendemos a Cristo, nuestra fe y nuestra Iglesia.

Este profeta tuvo la enorme dicha de morir decapitado, precisamente por allanar el camino a Cristo, por predicar contra la inmundicia y el pecado. Juan fue el predicador más valiente que ha tenido la humanidad. No hay que ser muy inteligente para comprender lo que Jesucristo dijo de él: "Os aseguro que no ha nacido de mujer uno más grande que Juan Bautista" (Mateo 11:11). Supo llevar su misión con dignidad. Muchos conocieron a Jesús por la predicación y entrega de este gran profeta. Sabemos que incluso algunos discípulos que siguieron al Maestro habían sido antes discípulos de Juan. Y muchos de los judíos que escucharon su predicación se arrepintieron de sus pecados y siguieron a Cristo.

Tan grande era Juan que algunos judíos tuvieron dudas de si él era el Mesías esperado. Por eso enviaron, desde Jerusalén, sacerdotes y levitas para preguntarle: "¿Quién eres tú?" Aquí Juan nos deja ver su humildad y su poco afán de protagonismo. Contestó, "Yo no soy el Mesías". Le insistieron, "Dinos quien eres para dar una respuesta a quienes nos han enviado". Contestó, "Soy la voz que grita en el desierto". Y es todo lo que dijo de sí mismo. ¡Cuántas personas con afán desmesurado de protagonismo, poder y ansia de gobernar todo a su alrededor, debieran imitar a este profeta del que el mismo Cristo habló maravillas!

La misión de un buen cristiano es ser profeta y anunciar el Evangelio con la misma valentía, fortaleza y entereza que lo hacía Juan. Él es la persona más adecuada para imitar. Necesitamos cristianos como él: humildes en su ministerio, que saben eclipsarse y dejar que el que brille sea Dios, que solamente anhelen seguir el camino recto de la fe.

Juan, en su predicación, exhortaba allanar caminos, que quiere decir quitar de nosotros los obstáculos que nos hacen pecar. Estamos en Adviento, tiempo perfecto para arrepentirnos, confesarnos y reencontrarnos con el Mesías que vino a salvarnos y que murió por nosotros.

Third Sunday of Advent
Cycle B Book 1
Readings: 1) Isaiah 61:1-2, 10-11 2) 1 Thessalonians 5:16-24 3) John 1:6-8, 19-28

The Gospel Reading today says that a man appeared named John. He was sent by God to announce the arrival of the Messiah that the Jewish people had been awaiting for various centuries. John was the last prophet of the Bible. He announced, with courage and a loud voice, "Prepare the way for the Lord. Make straight his paths."

Other prophets, such as Isaiah, had revealed John as, "A voice that cries out in the desert". With integrity John preached about the Messiah that would come after him. He spoke loudly, without hiding and without fear. People came to hear Him from Jerusalem, Judea and the surrounding areas. He urged those who heard his preaching to conversion and baptism for the forgiveness of their sins.

John is worthy of being imitated by us, Christians, especially his honesty, his humility and his faithful following of Christ. He did not consider himself to be worthy of any praise. His only mission was to make known the Messiah who was about to arrive. He had assimilated well, as many Christians have today, what is truly important and, moreover, a duty: to speak clearly when we defend Christ, our faith and our Church.

This prophet had the great privilege of being decapitated precisely because He straightened out the way for Christ, because He preached against uncleanliness and sin. John was the bravest preacher that humanity has known. You don't have to be very intelligent to understand what Jesus Christ said about him: "I assure you there is no man born of woman who is greater than John the Baptist" (Matthew 11:11). John knew how to carry out his mission with dignity. Many came to know Jesus because of the preaching and the dedication of this great prophet. We know that even some of the disciples who followed the Master had been John's disciples. And many of the Jews who heard his preaching repented of their sins and followed Christ.

John was so great a person that some Jews wondered if He were the awaited Messiah. That is why they sent, from Jerusalem, priests and Levites to ask him: "Who are you?" Here John shows us his humility and his little desire to shine out. He answered, "I am not the Messiah." They insisted, "Tell us who you are so we can give an answer to those who have sent us." He answered, "I am the voice who cries out in the desert." And that is all that He would say about himself. How many people with a disproportionate urge to lead, for power and a need to run everything that surrounds them should imitate this prophet of whom Christ himself spoke wondrously!

The mission of a good Christian is to be a prophet and announce the Gospel with the same valor, resolution and integrity that John had. He is the best person to imitate. We need Christians like him: humble in their ministry, who know how to stand in the shadows and allow God to be the one who shines forth, who only want to follow the straight path of faith.

John in his preaching urged people to straighten out their paths, which means to do away with the obstacles that can cause us to sin. We are in the Advent season, a perfect time to repent and to reencounter the Messiah who came to save us and who died for us.

Cuarto Domingo de Adviento
Ciclo B Tomo 1
Lecturas: 1) 2 Samuel 7, 1-5. 8-11. 16 2) Romanos 16, 25-27 3) Lucas 1, 26-38

En el Evangelio de hoy, San Lucas nos presenta una virgen desposada con José, un varón de la estirpe de David. Dios, desde la eternidad, había elegido a una joven llamada María para ser la madre del Salvador del mundo. San Lucas dice que, al recibir el anuncio del ángel, la Virgen María se sobresaltó. E incluso quedó preocupada porque no entendía cómo sucedería lo que el ángel le había anunciado. Pero, a pesar de eso, solamente tuvo una sola respuesta: "Hágase en mi según tu palabra". Con esta respuesta, la Virgen nos da un ejemplo a seguir de fe, disciplina y una vida dedicada por completo a Dios.

Este domingo, último de Adviento, nos disponemos a celebrar con dignidad, y también con alegría, las fiestas que se aproximan. Durante esta temporada los cristianos debemos haber estado preparándonos, con una actitud sincera de fe y de esperanza, para conmemorar el nacimiento del Salvador tan esperado por toda la humanidad.

Sin el consentimiento, sin el *fiat*, que dio la Virgen María no se hubiera encarnado el Mesías, el que vino a extender su reino de paz y de amor a toda la tierra. Todos anhelamos el reino que vino a establecer y consolidar Nuestro Señor. Ese reino de justicia y derecho durará por siempre porque una joven sencilla, que amaba a Dios, hace más de dos mil años, decidió cambiar su vida, arriesgándola, simplemente porque Dios le pidió que así lo hiciera.

Este final de Adviento debe ser tiempo para recapacitar y hacer balance de cómo ha sido el año que termina. Los seres humanos tenemos costumbre de hacer planes con buenos propósitos pero que muchas veces se quedan sin realizar. Más de una vez comprobamos, con pesar, que muchos de los deseos que habíamos planeado se han quedado solamente en sueños. Puede ser porque no supimos orientarnos debidamente o bien porque desde el principio, en nuestro camino, no cogimos el rumbo adecuado. A veces, el que no se cumplan estos propósitos puede ser porque cuando aparece una pequeña dificultad nos desanimamos. Pensamos que es demasiado difícil y nos encontramos incapaces de mantenernos en la esperanza. También puede ser que en nuestra vida predomina más la tibieza, el afán mundano y la tendencia a las cosas fáciles.

Si en nuestra vida espiritual el tiempo de Adviento no ha sido tan fructífero como habíamos planeado, si no hemos meditado sobre el año que termina, haciendo un propósito de cambiar para mejorar nuestra manera de ser, debemos recapacitar y contemplar con fe, el coraje y la valentía de Nuestra Madre Amantísima, María. En ella encontraremos una nueva perspectiva de valor y decisión.

La Iglesia, a través de la Palabra de Dios y las predicaciones, nos ha estado recalcando, durante estas cuatro semanas de Adviento, que tenemos la obligación de prepararnos para el acontecimiento que se aproxima, el nacimiento de Nuestro Señor y Salvador. Pidamos a Dios, por mediación de la Virgen María, que la conmemoración de la venida de su Hijo, Jesucristo, ya cercana, nos mantenga firmes en la esperanza de no caer en pecados graves. Y que nos dé el coraje, si caemos en pecado, para levantarnos lo más rápido posible con una buena confesión. Pidámosle también que nos muestre el camino recto que nos conduce al Salvador, a Cristo, Nuestro Señor.

Fourth Sunday of Advent
Cycle B Book 1
Readings: 1) 2 Samuel 7:1-5, 8-11, 16 2) Romans 16:25-27 3) Luke 1:26-38

In the Gospel Reading today, Saint Luke presents to us a virgin betrothed to Joseph, a man of the family of David. God, from all eternity, had chosen a young woman named Mary to be the mother of the Savior of the world. Saint Luke says that, when she received the announcement from the angel, the Virgin Mary was startled. She was greatly troubled because she did not understand how what the angel said would take place. But, in spite of this, she had only one answer: "Be it done unto me according to your word." With this answer, the Virgin gives us an example of faith, discipline and a life completely dedicated to God.

This Sunday, the last one of Advent, we prepare ourselves to celebrate with dignity, and also with joy, the holidays that are nearing. During this season we Christians have been preparing ourselves, with a sincere attitude of faith and hope, to commemorate the birth of the Savior who is so awaited by humanity.

Without this consent, without the "*fiat*," that the Virgin Mary gave, the Messiah, the one who came to spread His kingdom of peace and world throughout the world, would not have taken flesh. We all yearn for the kingdom that Our Lord came to establish and consolidate. That kingdom of justice and righteousness will last forever because a simple young girl, who loved God, more than 2,000 years ago, decided to change her life, risking it, simply because God asked her to do so.

This final part of Advent should be a time to meditate and take account of how the year that is about to end has gone. We human beings have the habit of making plans with good intentions but many times they are not carried out. More than once we have seen, sadly, that many of the wishes that we had planned to carry out have remained only dreams. It could be because we did not know the direction we needed to take or maybe because from the beginning the path that we took was off course. Sometimes, not carrying out these intentions could be because when a small difficulty arises, we lose heart. We think that it is too hard to continue on and we find that we are unable to maintain our hope. It could also be that our life is dominated by lukewarmness, worldly desires, and a tendency to do things the easy way.

If in our spiritual life, the season of Advent has not been as fruitful as we had planned, if we have not meditated on the year that ends with the intention of changing our way of life, we should rethink and contemplate, with faith, the courage and valor of Our Most Blessed Mother, Mary. In her we will find a new perspective on valor and decisiveness.

The Church, through the Word of God and the preaching, has been stressing during these four weeks of Advent that we have an obligation to prepare ourselves for the event that is drawing near, the birth of Our Lord and Savior. Let us pray to God, through the intercession of the Virgin Mary, that we will be firm in our hope of not falling into grave sin. And that He will give us the courage, if we do fall into sin, to pick ourselves up as soon as possible with a good confession. Let us ask Him also to show us the straight path that leads us to the Savior, Christ, Our Lord.

Sagrada Familia
Ciclo B Tomo 1
Lecturas: 1) Génesis 15, 1-6; 21, 1-3 2) Hebreos 11, 8. 11-12. 17-19 3) Lucas 2, 22-40

Nuestro Señor Jesucristo, cuando nació de la Virgen María hace más de dos mil años, santificó el hogar familiar. Desde entonces, la Sagrada Familia, formada por Jesús, María y José, ha sido el modelo familiar que se debe imitar. En la familia de Nazaret había respeto, espíritu de ayuda los unos con los otros y, sobre todo, había amor.

Los miembros de cualquier familia que quieren llevar una vida ejemplar deberán tener en cuenta que los padres son los primeros, y los más importantes, en la educación de sus hijos. Tendrán que educarlos en muchas diferentes cosas que necesitan saber de la vida pero una de las más importantes será educarlos en la fe Católica. Deberán preguntarse con frecuencia cómo están formando su propia familia y su propio hogar, si están poniendo de su parte entrega y amor para hacerlo lo más feliz posible.

Todos hemos nacido en el seno de una familia. Unos habremos tenido mejores experiencias familiares que otros. Pero incluso los que tuvieron que vivir en hogares difíciles, sin respeto mutuo, pueden esforzarse ahora, en su propia familia, para que sus hijos no tengan que vivir las mismas experiencias tristes y frustrantes que ellos vivieron.

En esta tarea encontraremos ayuda en la Sagrada Escritura, cogiendo el ejemplo de María y José, que nos enseñará a llevar la familia en el amor de Dios. En lo social, hay bibliotecas que tienen libros donde enseñan cómo formarla y llevarla bien. Si nuestra vida familiar no fue como debió ser, si en la casa donde nos criamos hubo problemas, no debemos permitir que en nuestro propio hogar, nuestros hijos o nuestro cónyuge tengan que pasar por el mismo Calvario.

Una familia nunca irá bien encauzada si no han aprendido a seguir los mandamientos. Cuando en el hogar falta este seguimiento, es imposible que en ese hogar haya paz e incluso prosperidad. Dios es el que ayuda. Dios es el que da paz y prosperidad.

La sociedad en que vivimos necesita familias formadas en el amor y el sacrificio. No tengo ningún reparo en asegurar que la única esperanza que tiene nuestra sociedad de mejorar, es a través de familias formadas en el amor y el respeto a Dios.

La Virgen María, nuestra Madre Amantísima, nos enseñará, si se lo pedimos, a criar a nuestros hijos para que sean, el día de mañana, personas sensatas y responsables. Nuestro mundo, hermanos y hermanas, necesita de familias bien formadas para que los miembros puedan formar nuevas familias igualmente bien formadas. La vida actual nos enseña que los rejuntamientos, los matrimonios civiles, los matrimonios mal llevados, sin responsabilidad, sin entrega, sin amor, solo traen agresividad y fomentan el odio. Y en ese odio se criarán los hijos que formarán las familias del mañana, que seguramente, las formarán también con odio.

La familia cristiana está en peligro. Solo el amor y la responsabilidad bien aceptada podrán salvarla. En esta Santa Misa pediremos a la Sagrada Familia, Jesús, María y José, por todas las familias del mundo, especialmente por las que tienen más problemas, de cualquier índole.

Holy Family Sunday
Cycle B Book 1
Readings: 1) Genesis 15:1-6; 21:1-3 2) Hebrews 11:8, 11-12, 17-19 3) Luke 2:22-40

Our Lord Jesus Christ sanctified the family home when He was born of the Virgin Mary more than two thousand years ago. Since then the Holy Family made up of Jesus, Mary and Joseph, has been the model family which should be imitated. Within the family of Nazareth there was respect, a spirit of helping one another and, above all, love.

The members of any family that want to live an exemplary life should realize that the parents are the first, and the most important, educators of their children. They should educate them in many different things that they need to know in life but one of the most important should be to educate them in the Catholic faith. Parents should ask themselves frequently how they are forming their family and their home, if they are doing their part when it comes to generosity and love so as to make it as happy as possible.

We have all been born into the heart of a family. Some have had better family experiences than others. But even those who have lived in difficult homes, without mutual respect, can strive now, in their own families, so that their children will not have to live the same sad and frustrating experiences that they lived through.

In this task we will find that Holy Scripture can help, taking the example of Mary and Joseph, who can teach us how to raise the family in the love of God. In the social arena, there are libraries that have books that teach how to shape and manage the family well. If our family life was not as it should have been, if in the home in which we were raised there were problems, we should not allow our own family home, our children and our spouse to go through the same Calvary.

A family will never be well channeled if the family members have not learned to follow the commandments. When the commandments are not followed in the home, it is impossible for that home to be peaceful and prosperous. God is the one who helps. God is the one who gives peace and prosperity.

The society in which we live needs families brought up in love and sacrifice. I do not hesitate to assure you that the only hope that this society has to prosper is through families formed in love and respect of God.

The Virgin Mary, our Most Beloved Mother, will show us, if we ask her, how to bring up our children so that in the future they will be sensible and responsible persons. Our world, brothers and sisters, needs families that are well formed so that its members can form new families that will be equally well formed. Present day life shows us that cohabitating, civil marriages, marriages poorly lived out, without responsibility, without self-giving, without love, only bring about aggressiveness and hatred. And, in that atmosphere of hatred, the children are reared who will raise the families of tomorrow, and, surely, these will also be raised in hatred.

The Christian family is in danger. Only love and responsibility, well accepted, can save it. In this Holy Mass, let us pray to the Holy Family, Jesus Mary and Joseph, for all the families in the world, especially for those who have the most problems, of whatever kind.

La Epifanía Del Señor Jesucristo
Ciclo B Tomo 1
Lecturas: 1) Isaías 60, 1-6 2) Efesios 3, 2-3. 5-6 3) Mateo 2, 1-12

Este domingo estamos conmemorando el día en que, hace más de veinte siglos, el Verbo Encarnado se manifestó a la humanidad. La palabra *epifanía* significa "manifestación". Esta fiesta nos trae un mensaje muy importante. No solamente nos muestra que Cristo, siendo Dios, se hizo hombre, sino que también nos enseña lo que, como cristianos, ya debemos saber: que Cristo es la *epifanía* - la manifestación de Dios-entre-nosotros.

Esta fiesta es la celebración de la adoración de los Reyes Magos, llegados de Oriente, al Niño Dios. Estos personajes eran hombres sabios que, según San Mateo, vinieron de países lejanos hasta Jerusalén. Su meta era llegar a la Ciudad Santa, hablar con las autoridades judías y después seguir viaje a rendir homenaje al recién nacido, el Rey de los Judíos. Estos hombres, en realidad, fueron inspirados y llamados por Dios desde sus países de origen y conducidos por una estrella hasta llegar a Belén y adorar al Rey del cielo y tierra. En aquellos tiempos, además de la enorme distancia, los caminos no eran como los que tenemos ahora. Eran peligrosos y difíciles. Pero no les importó todo lo que tendrían que pasar durante un viaje tan largo.

Los Reyes Magos, y los pastores, fueron las únicas personas que se enteraron del gran acontecimiento que había ocurrido en Belén, una aldea pequeña y desconocida de Judea. Cuando los Reyes Magos encontraron al Niño Dios, se alegraron. No les sorprendió, ni les importó, encontrarlo en un establo. No tenían una idea preconcebida de cómo sería ese Rey que venían buscando. Para ellos lo importante era seguir la luz de la estrella y llegar a su meta. Lo que nos demuestra que, además de ser hombres importantes y sabios, tenían fe.

Nuestra fe también debe guiarnos al encuentro del Niño Jesús. Lo mismo que para los Reyes Magos fue difícil encontrarlo, también, para nosotros, a veces, se pone difícil encontrarlo. Pero, así y todo, tenemos que intentarlo. No debemos parecernos a los que no tienen ningún interés en buscarlo y, muchísimo menos, en encontrarlo. Hay personas, e incluso muchas que se denominan católicas, que durante estas fiestas navideñas prefieren vivir de espaldas a Dios entre el bullicio de las tiendas, las fiestas y todo lo que ofrece el mundo. Nosotros, los cristianos, debemos seguir el ejemplo de los Reyes Magos de Oriente siendo hombres y mujeres tenaces en la fe y de buena voluntad.

Durante este año, recién comenzado, sería aconsejable tomar algún tiempo para meditar el misterio de la Encarnación de Cristo y su Nacimiento. Pensar que todo un Dios se rebajó y aceptó encarnarse en las entrañas de la Virgen María, haciéndose hombre para redimirnos, debe ser suficiente motivo para alegrar este nuevo año. Así como los Reyes Magos se guiaron por una estrella, nosotros debemos guiarnos por nuestra Iglesia Católica y lo que ella nos enseña. Y lo que nos enseña es justamente lo que necesitamos saber para seguir a Cristo. Si ponemos entereza y fe, podremos conseguirlo.

Que Nuestra Madre Amantísima, la Virgen María, ilumine nuestras mentes, encaminando nuestros pasos, para encontrar y seguir a su Hijo, nuestro Salvador. Y que conceda a esta comunidad, y a nuestros seres queridos, la felicidad de poder decir que adoramos fielmente al Niño Jesús, Rey de Reyes y Salvador de toda la humanidad.

The Epiphany of Our Lord Jesus Christ
Cycle B Book 1
Readings: 1) Isaiah 60:1-6 2) Ephesians 3:2-3, 5-6 3) Matthew 2:1-12

This Sunday we commemorate the day on which, more than twenty centuries ago, the Incarnate Word was made known to humanity. The word *epiphany* means "manifestation." This feast brings to us a very important message. Not only does it show us that Christ, being God, became man but it also shows us what we, as Christians, should already know: that Christ is the *epiphany* – the manifestation of God-among-us.

This feast is the celebration of the adoration of the Child God by the Wise Men who came from the East. These important people were indeed wise men who, according to Saint Matthew, came from countries that were far from Jerusalem. Their goal was to reach the Holy City, talk to the Jewish authorities, and afterwards continue their trip to pay homage to the newborn child, the King of the Jews. These men, in reality, were inspired and called by God from their countries of origin and guided by a star until they reached Bethlehem and adored the King of heaven and earth. In those times, besides the enormous distance, the roads were not like the ones we have today. They were dangerous and difficult. But all that they had to go through during the long voyage did not matter to them.

The Wise Men, and the shepherds, were the only people who knew about the great event that had occurred in Bethlehem, a small and unimportant village of Judea. When the Wise Men found the Child God they were overjoyed. They were not surprised, nor did they care about, finding Him in a stable. They did not have a preconceived idea of who this King they were looking for would be. For them the important thing was to follow the light of the star and reach their goal. This shows us that, besides being important and wise men, they had faith.

Our faith should also guide us to encounter the Child Jesus. In the same way that it was difficult for the Wise Men to encounter Him, for us also, sometimes, encountering Him is difficult. But, even so, we must try to do so. We should not be like those who have no interest in seeking Him and, much less, in finding Him. There are people, even many who say they are Catholics, who during these Christmas holidays prefer to turn their backs on God as they are caught up in the hubbub of the stores, the parties and everything that the world has to offer. We, Christians, should follow the example of the Wise Men of the East being men and women tenacious in faith and of good will.

During this year, just beginning, it would be advisable for us to take some time to meditate on the mystery of the Incarnation of Christ and His birth. To think that God lowered Himself and took on flesh in the womb of the Virgin Mary, becoming a man to redeem us, should be enough brighten this New Year for us. Just as the Wise Men were guided by a star, we also should be guided by our Catholic Church and what she teaches. And what she teaches is just what we need to know to be able to follow Christ. If we supply integrity and faith, we can do it

May our Most Beloved Mother, the Virgin Mary, enlighten our minds, guiding our steps, so that we may encounter and follow her Son, our Savior. And may she give this community, and our loved ones, the joy of being able to say that we faithfully adore the Child Jesus, the King of Kings, the Savior of all humanity.

El Bautismo del Señor
Ciclo B Tomo 1
Lecturas: 1) Isaías 42, 1-4. 6-7 2) Hechos 10, 34-38 3) Marcos 1, 7-11

El Evangelio de este domingo nos enseña cómo Juan Bautista anunciaba, "detrás de mí viene el que puede más que yo". Cristo vino desde Nazaret de Galilea expresamente para ser bautizado por Juan. Inmediatamente después de ser bautizado, y al salir del agua, los cielos se rasgaron y el Espíritu de Dios, en forma de paloma, se posó sobre el Señor. Entonces fue cuando Juan reconoció que Jesús era el Mesías prometido. Desde ese momento la misión del Redentor será una misión profética. No será un profeta en el sentido de alguien que predice el futuro sino en el sentido bíblico, que quiere decir una persona que proclama la justicia y el perdón.

La misión profética que Cristo trajo al mundo no terminó con su muerte en la cruz. Cuando un cristiano es bautizado, comparte esa misión de ser profeta, de evangelizar y proclamar la Buena Nueva que Nuestro Señor vino a traernos. Pero no bastará solamente con predicarla. Habrá que proclamarla con el ejemplo y buenas obras.

Aunque el Señor se sometió voluntariamente a ser bautizado por Juan, no necesitaba ser bautizado. Con su bautismo quiso enseñarnos su humildad. Para nosotros el bautismo, además de ser necesario, es una obligación. Cuando Jesús fue bautizado, quedó instituido el Sacramento del Bautismo. Él mismo encomendó a su Iglesia la obligación de bautizar a todos los que desean ser cristianos (Mateo 28, 19).

Los cristianos sabemos que al ser bautizados recibimos la gracia sacramental de este sacramento. En otras palabras, recibimos al Espíritu Santo. Además, recibimos el mismo mandato que recibieron los apóstoles: el de ir por el mundo evangelizando. Es frustrante ver a familias católicas que van a la Iglesia cada domingo pero no quieren reconocer todo lo que se recibe a través del Sacramento del Bautismo. Puede ser debido a eso que tardan tanto en bautizar a sus hijos e incluso algunos ni los bautizan. No están predicando, con el ejemplo, las enseñanzas de Cristo. También hay familias que toman el Bautismo como algo que se hace pero que no es necesario, algo que se hace si se quiere. Para otros, el Bautismo es un acontecimiento social. Incluso, para nuestra frustración, hemos escuchado algunas personas decir: "No voy a bautizar ahora al niño. Voy a esperar un poco más para ahorrar dinero y hacer una fiestecita para mis familiares y amigos. Ahora no es el momento". Otros dicen: "Vamos a esperar un poco más para bautizar al niño porque nuestra familia, que está lejos, ahora no puede venir". Es triste tener que oír estos comentarios. Esta no es la manera de comportarse un católico. ¿Cómo pueden ignorar que el Bautismo es, como dice el Catecismo de la Iglesia Católica, "el más bello y magnifico de los dones de Dios"? (CIC 1276) El bautismo es algo grande. Y no se puede comprender que algunos católicos no lo entiendan así. Precisamente el Bautismo es el fundamento de toda la vida cristiana, es el pórtico por el que entra el recién bautizado en la vida del Espíritu Santo, en la vida de la Iglesia. Este sacramento es primordial ya que es el primero de los siete sacramentos. Y sin él no se podrá recibir ninguno de los otros sacramentos.

Es por el Bautismo que somos llamados hijos e hijas de Dios. A través de él se nos perdonan los pecados y recibimos el Espíritu Santo que nos ayuda a iniciar una nueva vida. Por el Bautismo somos introducidos en la Iglesia, en la cual seguiremos recibiendo, por mediación de los otros sacramentos, la gracia necesaria para poder vivir una vida santa y llevar el mensaje de salvación al mundo entero.

Baptism of the Lord

Cycle B Book 1

Readings: 1) Isaiah 42:1-4, 6-7 2) Acts 10:34-38 3) Mark 1:7-11

The Gospel Reading for this Sunday shows us how John the Baptist announced, "after me comes one who is mightier than me." Christ came to Nazareth from Galilee precisely to be baptized by John. Immediately after being baptized, and after coming out of the water, the sky was torn open and the Spirit of God, in the form of a dove, descended on the Lord. That was when John recognized that Jesus was the promised Messiah. From that moment the mission of the Redeemer will be a prophetic mission. He will not be a prophet in the sense of being someone who will foretell the future, but in the biblical sense, which means a person who proclaims justice and pardon.

The prophetic mission that Christ brought to the world did not end with His death on the Cross. When a Christian is baptized, He or she shares in that mission to be a prophet, to evangelize, to proclaim the Good News that Our Lord came to bring us. But preaching it is not enough. It must be proclaimed through example and good works.

Even though the Lord voluntarily submitted to being baptized by John, He did not have to be baptized. Through His baptism He wanted to show His humility. For us baptism is, more than a necessity, an obligation. When Jesus was baptized, the Sacrament of Baptism was instituted. He entrusted to His Church the obligation to baptize all those who want to become Christians (Matthew 28:19).

We Christians know that when we are baptized we receive the sacramental grace of this sacrament. In other words, we receive the Holy Spirit. Moreover, we receive the same mandate that the apostles received: to go forth and evangelize the world. It is frustrating to see Catholic families who go to Church every Sunday but who do not recognize everything that is received through the Sacrament of Baptism. This could be the reason that they wait so long to baptize their children and that some of them do not baptize them at all. They are not preaching, through their example, the teachings of Christ. There are also families who think of Baptism as something that is done but that it is not necessary, as something that is done if they feel like doing it. For others, Baptism is a social event. We have even heard some people say, and this is frustrating for us, "I am not going to baptize my child now. I'm going to wait until I save up some money and have a little party with my family and friends. Now is not the time to do that." Others say: "We are going to wait a little while to baptize the child because the members of our family, who live far away, cannot come now. " It is sad to hear these words. This is not the way for a Catholic to act. How can they ignore that Baptism is, as the Catechism of the Catholic Church says, "the most beautiful and magnificent of the gifts of God"? (CCC 1276) Baptism is great. And it is incomprehensible that some Catholics do not understand it as such. Baptism is the foundation of all Christian life; it is the gate through which the newly baptized person enters into the life of the Holy Spirit, into the life of the Church. This sacrament is essential, since it is the first of the seven sacraments. And without it, none of the other sacraments can be received.

It is because of Baptism that we are called sons and daughters of God. Through it our sins are forgiven and we receive the Holy Spirit, who will help us to initiate a new life. Through Baptism we are introduced into the Church, in which we will continue to receive, through the other sacraments, the grace that we need to live a holy life and to take the message of salvation to the entire world.

Segundo Domingo del Tiempo Ordinario
Ciclo B Tomo 1
Lecturas: 1) 1 Samuel 3, 3-10. 19 2) 1 Corintios 6, 13-15. 17-20 3) Juan 1, 35-42

En las lecturas de cada Misa celebrada durante las pasadas fiestas navideñas hemos estado contemplando el Nacimiento de Jesús y su vida antes de comenzar su ministerio público. El domingo anterior celebramos su Bautismo que fue realizado por San Juan Bautista. Hoy estamos aquí reunidos celebrando el Segundo Domingo del Tiempo Ordinario.

El Evangelio nos muestra a Jesús seleccionando y llamando a sus primeros discípulos. Nos dice el Evangelio que Juan estaba con dos de sus discípulos cuando vio a Jesús pasar y dijo de Él: "Éste es el cordero de Dios". Cuando oyeron esto los dos discípulos, se fueron detrás del Maestro. Al observar Jesús que le seguían, se volvió y les preguntó: "¿Qué buscáis?" Ellos le contestaron: "Rabí… ¿dónde vives?" Y Él les dijo, "Venid y lo veréis". Y se quedaron con Él todo el día.

Andrés, uno de los primeros discípulos que siguieron al Maestro y que anteriormente había sido seguidor de Juan, después de conversar con Jesús y escuchar sus palabras, tomó la decisión de hablar con su hermano, Simón, y contarle la experiencia que había vivido. Y, después, lo llevó a Jesús, que al verlo, le dijo, "Tú eres Simón, hijo de Juan; tú te llamarás Cefas (que se traduce Pedro)."

Cuando Jesús escogía a un discípulo exigía de él una entrega total. Y eso mismo exige de nosotros. Cada ser humano recibe una llamada de Dios, una vocación. Pero aunque somos llamados a hacer diferentes cosas, a todos nos pide lo mismo: una entrega total. Todos tenemos diferentes vocaciones pero la obligación y la responsabilidad de todos es escuchar la llamada de Dios y seguirla fielmente, como lo hicieron los primeros discípulos.

La Segunda Lectura nos enseña que seguir a Cristo puede traernos dificultades. San Pablo, en su Primera Carta a los Corintios, señala algunas de las dificultades que podemos encontrar. Primeramente, habla de la inmoralidad sexual, algo muy común en nuestra sociedad. San Pablo advierte que el cuerpo humano no es para fornicar. Y que no debemos permitir que este terrible vicio se adueñe de nosotros. La ciudad de Corintio, en Grecia, era puerto de mar donde abundaba un clima de inmoralidad, corrupción y pecado. Muchos cristianos se dejaron coger por ese vicio de maldad. No podían distinguir entre lo bueno y lo malo.

Todo lo que dice San Pablo a los Corintios, a nosotros nos debe sonar familiar, porque hoy en día los pecados contra la inmoralidad son mucho más públicos que en aquellos tiempos. Y muchos, incluso católicos, han llegado a ver el pecado de la inmoralidad sexual como algo normal. Ya no lo consideran pecado. Recapacitemos seriamente. Prestemos atención a lo que dice San Pablo en la Segunda Lectura: "El que fornica, peca en su propio cuerpo. ¿Ó es que no sabéis que vuestro cuerpo es templo del Espíritu Santo?".

Todos los cristianos somos discípulos de Cristo. Él nos llama a seguirle sin titubeos y sin anteponer otras cosas, o sea, de verdad, con entereza. Nos pide que luchemos para vencer la inmoralidad que ha entrado en esta sociedad desvergonzadamente, ya que va apoderándose de muchos. Seamos cuidadosos para no caer en las tentaciones que diariamente vamos a encontrar en nuestro camino hacia Dios.

Second Sunday of Ordinary Time
Cycle B Book 1
Readings: 1) 1 Samuel 3:3-10, 19 2) 1 Corinthians 6:13-15, 17-20 3) John 1:35-42

In the Readings of the each Mass celebrated during these past Christmas holidays, we have been meditating on the Birth of Jesus and His life before He began His public ministry. Last Sunday we celebrated His Baptism, carried out by Saint John the Baptist. Today we are gathered here to celebrate the Second Sunday of Ordinary Time.

The Gospel Reading shows us Jesus choosing and calling His first disciples. The Gospel Reading tells us that John was with two of his disciples when he saw Jesus go by and he said of Him: "This is the lamb of God." When the two disciples heard this, they followed the Master. When Jesus observed that they were following Him, He turned and asked them: "What are you looking for?" And they answered: "Rabbi…, where do you live?" And He said to them, "Come and you will see." And they stayed with Him the rest of the day.

Andrew, one of the first disciples who followed the Master and who had been a follower of John, after talking with Jesus and hearing His words, decided to speak to his brother, Simon, and tell him about the experience he had lived. And, afterwards, he took him to Jesus who, when He saw him, said, "You are Simon, son of John, you will be called Cephas (which is translated as Peter)".

When Jesus chose a disciple He demanded of Him total self-giving. And that same thing is what He demands of us. Each human being receives a call from God, a vocation. But even though we are called to do different things, He asks of all of us one thing: total self-giving. All of us have different vocations but the obligation and the responsibility of all of us is to hear the call of God and follow Him faithfully, as the first disciples did.

The Second Reading teaches us that following Christ can bring us difficulties. Saint Paul, in the First Letter to the Corinthians, lists some of the difficulties that we can encounter. First, He talks about sexual immorality, something that is common in our society. Saint Paul warns that the human body was not made to fornicate. And that we should not allow this terrible vice to take hold of us. The city of Corinth, in Greece, was a seaport with a climate of immorality, corruption and sin. Many Christians had allowed themselves to be overcome by that evil vice. They could not distinguish between good and bad.

All that Saint Paul says to the Corinthians should sound familiar to us because today sins against morality are much more public than at that time. And many people, including many Catholics, have started to see the sin of sexual immorality as something that is normal. They do not consider it a sin any more. Let us seriously reconsider. Let us pay attention to what Saint Paul says in the Second Reading: "Whoever fornicates, sins against his own body. Do you not know that your body is a temple of the Holy Spirit?"

All of us Christians are disciples of Christ. He has called us to follow Him without hesitation and without interposing other things, in other words, truly, with integrity. He asks us to struggle to overcome the immorality that has entered into this society in a shameful way since it is taking control of many people. Let us be careful not to fall into the temptations that we will encounter daily in our path to God.

Tercer Domingo del Tiempo Ordinario
Ciclo B Tomo 1
Lecturas: 1) Jonás 3, 1-5. 10 2) 1 Corintios 7, 29-31 3) Marcos 1, 14-20

Ya hemos llegado al Tercer Domingo del Tiempo Ordinario. El Primer Domingo de esta temporada, el Evangelio nos habló del Bautismo del Señor por San Juan Bautista. El Segundo Domingo fue dedicado a los últimos días del ministerio de Juan aquí en la tierra. Hoy el Evangelio relata cómo Jesús comenzó a escoger el grupo que, en adelante, serían sus seguidores más fieles. Los apóstoles le acompañarían durante su vida y su ministerio y fueron ellos los que formaron el núcleo de su Iglesia.

Los primeros apóstoles a los que llamó Jesús fueron Simón Pedro y su hermano, Andrés. Después llamó a Santiago y Juan, hijos de Zebedeo. Los cuatro eran pescadores. Cuando pasó Jesús junto al Mar de Galilea y los llamó, estaban trabajando. Y aunque la llamada del Maestro les llegó de una manera imprevista, hemos observado la prontitud con que respondieron. Dos de ellos estaban echando las redes. Los otros dos las estaban arreglando. Los cuatro dejaron todo y le siguieron. Los hermanos Santiago y Juan dejaron incluso a su propio padre, que se encontraba con ellos.

Pero no vayamos a creer que siguieron a Jesús a ciegas ni impulsivamente ó, como algunos insinúan, por ambición ó por salir de la rutina. Esos cuatro discípulos ya conocían al Señor. Juan Bautista ya les había hablado sobre el Mesías. Y se sentían atraídos por todo lo que habían escuchado de Él. Así que cuando les llamó, no tuvieron ningún inconveniente en dejar todo. Debió ser muy gratificante para ellos cuando le escucharon decir, "Venid conmigo y os haré pescadores de hombres".

A todos nosotros, sin excepción, también nos llama el Señor. Y nos dice las mismas palabras: "Venid conmigo". Para escuchar la llamada de Jesús y poder seguirle, como lo hicieron los cuatro discípulos, necesitaremos desprendernos de cosas materiales. Porque, de no ser así, no podremos seguirle con libertad. En el mundo, y especialmente en esta sociedad, hay grandes obstáculos. Y también hay demasiado ruido que puede hacer que ni siquiera escuchemos la llamada. Además, si estamos dispuestos a seguirle, tendremos que liberarnos del pecado.

El Señor sabe que vivimos en el mundo y que en él hay grandes tentaciones, muchos problemas y demasiadas ataduras a personas y cosas. Pero, a pesar de eso, Él espera de nosotros que aprendamos a superar los obstáculos, incluso con sacrificio. Quiere sinceridad y una entrega, hacia Él, completa. Nos enseña que nuestra primera obligación es nuestra conversión, que vayamos preparándonos para cuando llegue la hora que tengamos que salir de este mundo. Debido a eso habrá que desprenderse de las cosas materiales a las que estamos más apegados e incluso de personas, si ellas nos hacen caer en pecado y no nos dejan crecer en la fe ni seguir el camino que Cristo nos marca.

Hoy hemos escuchado lo que Jesús, en su primera predicación pública, dijo: "Convertíos y creed en el Evangelio". Para creer, lo primero que tendremos que hacer es conocer mejor a Cristo. San Pablo, en la Primera Lectura, dice que esta vida no es para siempre. Un día se acabará. Será, para nosotros, de mucha utilidad recapacitar sobre estas palabras. Si lo hacemos, nos será más fácil ponernos al servicio de Dios. Si no lo hacemos y seguimos agarrados a todas las vanidades y pompas que el mundo ofrece, quizás no vamos a poder disfrutar de esa vida eterna y maravillosa que Cristo, Nuestro Señor, nos promete.

Third Sunday of Ordinary Time
Cycle B Book 1
Readings: 1) Jonah 3:1-5, 10 2) 1 Corinthians 7:29-31 3) Mark 1:14-20

We have already reached the Third Sunday of Ordinary Time. The First Sunday of this season, the Gospel Reading talked to us about the Baptism of the Lord by Saint John the Baptist. The Second Sunday was dedicated to the last days of John's ministry on this earth. Today the Gospel Reading tells us how Jesus began to choose the group who, in the future, would be His most faithful followers. The apostles accompanied Him during His life and His ministry and they would form the nucleus of His Church.

The first apostles who Jesus called were Simon Peter and his brother, Andrew. He then called James and John, the sons of Zebedee. The four were fishermen. When Jesus walked by the Sea of Galilee and called them, they were working. And even though the call of the Master came to them in such an unexpected way, we see the promptness with which they responded. Two of them were casting out their nets. The other two were mending theirs. The four of them left everything and followed Him. The brothers James and John even left their own father, who was with them.

But let us not think that they followed Jesus blindly or impulsively or, as some insinuate, because they were ambitious or wanted to escape the daily routine. Those four disciples already knew the Lord. John the Baptist had already talked to them about the Messiah. And they were attracted by all that they had heard about Him. So when He called them, they did not think twice about leaving everything. It was probably very gratifying for them when they heard Him say, "Come with me and I will make you fishers of men."

All of us, without exception, are also called by the Lord. And He says to us the same words, "Come with me." In order for us to hear the call of Jesus and be able to follow Him, as the four disciples did, we need to detach ourselves from material things. If we do not do that, we will not be able to follow Him freely. In the world, and especially in this society, there are great obstacles. And there is also so much noise that it can cause us not to hear the call. Moreover, if we are ready to follow him, we will have to free ourselves of sin.

The Lord knows that we live in this world and that in it there are great temptations, many problems and too many ties to people and things. But, in spite of this, He expects that we will learn to overcome the obstacles, even if this means sacrifice. He wants sincerity and a complete dedication to Him. He shows us that our first obligation is our conversion, that we should prepare ourselves for when our hour comes to leave this world. That is why we will have to detach ourselves from the many material things to which we are most attached and even from people, if they cause us to fall into sin and they do not let us grow in the faith nor follow the path that Christ sets for us.

Today we heard what Jesus, in his first public preaching, said: "Repent and believe in the Gospel." To believe, the first thing that we need to do is to get to know Christ better. Saint Paul, in the First Reading, says that this life does not last forever. Someday it will end. It would be very useful for us to consider these words. If we do that, it will be easier for us to place ourselves at God's service. If we do not do that and we continue to hold on to all of the vanity and pomp that the world offers, we may not be able to enjoy the eternal and marvelous life that Christ, Our Lord, promises to us.

Cuarto Domingo del Tiempo Ordinario
Ciclo B Tomo 1
Lecturas: 1) Deuteronomio 18, 15-20 2) 1 Corintios 7, 32-35 3) Marcos 1, 21-28

El Evangelio dice que Jesús y sus discípulos entraron en Cafarnaún y que, al sábado siguiente, fue a la sinagoga y comenzó a enseñar. Fue tal el impacto que causaron sus enseñanzas que todos quedaron admirados. Para los que conocemos la Biblia y escuchamos las lecturas de la Santa Misa con atención, nada de esto nos puede extrañar porque sabemos que Cristo, aunque vino como hombre, en realidad, es Dios. Esa autoridad, que tanta admiración causó en la sinagoga, no era humana sino divina.

Seguramente, sus enseñanzas y su sabiduría fueron comentadas. Quizás esa fue la causa que su fama se extendió por los alrededores. Además, en aquella ocasión, curó a un enfermo que se encontraba en la sinagoga y que estaba poseído por un espíritu inmundo. Esta curación nos recuerda que la razón por la que Cristo vino a este mundo fue para liberar a la humanidad de la esclavitud del pecado. Pero también nos enseña la astucia y la desfachatez de Satanás, que hasta tuvo la osadía de enfrentarse directamente al Hijo de Dios. Jesús usó su autoridad y poder. Le hizo callar y salir del enfermo. Normalmente, Satanás prefiere usar personas a las que puede manejar para que vayan esparciendo el mal. En esta sociedad en que nos ha tocado vivir, comprobamos cómo se ha perdido el sentido del pecado. Y comprobamos también cómo muchos se enfrentan a Cristo, y sus enseñanzas, de la misma manera que lo hizo Satanás en la sinagoga.

Aunque Satanás siempre está al acecho para hacernos caer en pecado, nos reconfortará saber que tiene verdadero pánico a Dios e incluso a personas que viven sus vidas de acuerdo a las enseñanzas de Cristo. Él sabe que a estas personas les será mucho más difícil manejarlas. Por eso prefiere utilizar a los que ya están esclavizados al pecado.

En la Segunda Lectura, San Pablo les recuerda a los cristianos de Corintio, y esto mismo nos recuerda nuestra Iglesia a nosotros, que todos los cristianos debemos vivir según la vocación a la que hemos sido llamados. Nos dice que el matrimonio y el celibato son dos estados en los cuales se puede vivir plenamente la vida cristiana. Los cristianos de Corintio vivían en una sociedad muy similar a la nuestra, donde la inmoralidad sexual se consideraba como algo natural. Incluso había, dentro de la comunidad, personas que estaban convencidas que no mantener relaciones sexuales fuera del matrimonio era algo anormal y hasta casi pecaminoso. Atacaban a los que habían decidido ser fieles a sus cónyuges y también a los que habían decidido permanecer solteros. Lo que trataba San Pablo de enseñar a la comunidad de Corintio, no con su propia autoridad, sino con la autoridad del mismo Cristo, era que los hombres y las mujeres tienen pleno derecho de elegir libremente entre ambos estados de vida: matrimonio ó celibato. Ambos son, igualmente, dones de Dios.

Muchas veces, cuando personas como San Pablo tratan de enseñar e ir promoviendo la fe, dando ejemplo con su propia vida, Satanás utiliza a otras personas para que entorpezcan ese ministerio. Puede ser que no siempre lo hagan a sabiendas. Por eso no debe extrañarnos cuando escuchamos a personas atacar a la Iglesia y sus enseñanzas sobre la castidad ó el matrimonio. Estas son tácticas de Satanás que quiere desalentarnos y confundirnos. Pidamos por las personas que inconscientemente están ayudando a Satanás, para que Dios les haga ver que están siendo utilizadas. Y nada menos que por el Demonio.

Fourth Sunday of Ordinary Time
Cycle B Book 1
Readings: 1) Deuteronomy 18:15-20 2) 1 Corinthians 7:32-35 3) Mark 1:21-28

The Gospel Reading says that Jesus and His disciples entered Capernaum and that on next Saturday He went to the synagogue and began teaching. The impact of His teachings was so great that everyone was astonished. For those of us who know about the Bible and who listen to the readings of the Holy Mass attentively, none of this is strange because we know that Christ, even though born a man, in reality, He is God. The authority, that caused so much admiration in the synagogue, was not human but divine.

Surely, His teachings and His wisdom were commented on. This was probably the reason that His fame spread throughout the surrounding region. Moreover, on that occasion, He cured a sick man who was in the synagogue and who was possessed by an evil spirit. This cure reminds us that the reason that Christ came to this world was to free humanity from the slavery of sin. But it also shows us the astuteness and the impudence of Satan who dared to directly confront the Son of God. Jesus used His authority and His power. He silenced the devil and made Him come out of the sick man. Normally, Satan prefers to use people that He can manipulate so that they can sow evil. In this society in which it is our lot to live, we can see how the sense of sin has been lost. And we also can see how many also confront Christ and His teachings in the same way that Satan did in the synagogue.

Even though Satan is always lying in wait to cause us to fall into sin, it is comforting to know that He is panic-stricken by God and even by people who live their lives according to the teachings of Christ. He knows that these people will be much more difficult for Him to control. That is why He prefers to use those who already are already enslaved by sin.

In the Second Reading, Saint Paul reminds the Christians of Corinth, and our Church reminds us of the same thing, that all of us Christians should live according to the vocation to which we have been called. He tells us that matrimony and celibacy are two of the states of life in which a Christian life can be fully lived. The Christians of Corinth lived in a society very similar to ours, where sexual immorality was considered to be something natural. There were even some in the community who were convinced that not maintaining sexual relations outside of matrimony was abnormal and even almost sinful. They attacked those who had decided to be faithful to their spouses and also those who had decided to remain single. What Saint Paul tried to teach the community of Corinth, not on his own authority but on the authority of Christ himself, was that men and women have a perfect right to freely choose between both states of life: matrimony or celibacy. Both are, equally, gifts of God.

Many times, when people like Saint Paul, try to teach and promote the faith, giving a good example by their own lives, Satan uses other people to obstruct that ministry. It could be that they do not do this knowingly. That is the reason that it should not seem strange to us when we hear people attack the Church and its teachings about chastity and matrimony. These are tactics that Satan uses to discourage and confuse us. Let us pray for the people who unconsciously help Satan so that God will make them see that they are being used. And nothing less than by the Devil.

Quinto Domingo del Tiempo Ordinario
Ciclo B Tomo 1
Lecturas: 1) Job 7, 1-4. 6-7 2) Corintios 9, 16-19. 22-23 3) Marcos 1, 29-39

La palabra "apóstol" viene del griego y quiere decir "alguien enviado". Los cristianos tenemos un apostolado a seguir. Tenemos obligaciones, con Dios y con nuestra Iglesia, de ir dando buen ejemplo y, también, de evangelizar, esforzándonos para atraer personas a Dios.

San Marcos, en el Evangelio de hoy, continúa explicándonos cómo fueron los primeros días de la vida pública de Jesús. Dice que al salir de la sinagoga, se dirigió, con sus apóstoles, a casa de Simón Pedro. Se encontraban en Cafarnaún. Era sábado, día de descanso para los judíos. Al llegar a la casa, se enteró que la suegra de Pedro se encontraba enferma. ¡Qué fuerza no tendrá el Señor que solo cogerle la mano, la curó! Su curación fue tan completa que ella, después de este milagro, se puso a servirles. La noticia de esta curación se extendió por los alrededores tan rápida como la pólvora y llegó un gentío inmenso a la casa de Pedro. Le llevaron al Señor muchos poseídos por el Maligno y a otros con diferentes enfermedades físicas. Curó a muchos.

Al día siguiente, de madrugada, se fue a un descampado a orar. Los apóstoles se le acercaron, diciéndole que la gente le seguía buscando. No sabemos por qué fueron los apóstoles a decirle esto al Señor. Quizás pensaron que era un buen momento para que se diera a conocer como Mesías, ya que acababa de iniciar su ministerio. Pero Él les contestó, "Vámonos a otra parte, a las aldeas cercanas, para predicar también allí; que para eso he venido". El Señor había venido con una misión. Su plan era extender su Palabra y, después, que siguiera extendiéndose por mediación de los apóstoles. Nosotros, como cristianos, también tenemos que ir extendiendo la Palabra, evangelizando como lo hizo Cristo, con humildad y sin buscar protagonismo ni nada personal. Esta sociedad, aunque día a día nos deja ver que se aleja de Dios, en realidad necesita mucho de Él, de su Palabra y de su poder de curación, porque en el mundo hay enfermedad, pecado, injusticia y maldad.

San Pablo en su Primera Carta a la comunidad cristiana de Corintio, les aconseja sobre la importancia de la predicación. Y, cuando habla de sí mismo, dice que no predica para su propia satisfacción, que su misión es anunciar el Evangelio. Nosotros tenemos la misma obligación que tenía San Pablo. Podemos repetirnos a menudo las palabras que él dijo: "¡Ay de mí si no anuncio el Evangelio!" Evangelizar puede darnos dificultades. San Pablo también las tuvo. Pero, a pesar de los problemas, él supo seguir a Cristo y cumplir la misión que le fue encomendada. Actuemos como lo hizo Pablo. Sigamos su ejemplo. Muchos de nosotros conocemos a obispos, sacerdotes y diáconos que, como los apóstoles, dan testimonio de su fe, cumpliendo las enseñanzas de Cristo. No se rinden ante las dificultades. Cumplen con su deber. Pero estas personas no están haciendo nada del otro mundo, nada extraordinario. Están cumpliendo con su obligación, la misma obligación que tenemos todos los cristianos. Y no vayamos a creer que esa obligación termina cuando salimos de la Iglesia después de la Misa dominical. Esa misión evangelizadora debe ser continuada cada día de la semana. Mucha de la maldad que hay en esta sociedad, existe porque muchos cristianos, por miedo ó porque se avergüenzan de su fe, han dejado de dar testimonio de la Palabra, han dejado de evangelizar.

Pidamos al Señor, en esta Santa Misa, que nos ayude a realizar nuestro apostolado con firmeza y valentía, como lo hizo San Pablo. Y tratemos de recordar lo que él dijo: "¡Ay de mí si no anuncio el Evangelio!"

Fifth Sunday in Ordinary Time
Cycle B Book 1
Readings: 1) Job 7:1-4, 6-7 2) Corinthians 9:16-19, 22-23 3) Mark 1:29-39

The word "apostle" comes from the Greek and means "someone sent." We, Christians, have an apostolate to follow. We have obligations, with God and with our Church, to give a good example and, also, to evangelize, striving to attract people to God.

Saint Mark, in the Gospel Reading today, continues to explain to us what took place during the first days of Jesus' public life. He says that when Jesus left the synagogue He went, with His apostles, to the house of Simon Peter. He was in Capernaum. It was Saturday, a day of rest for the Jews. When He arrived at the house He found out that Peter's mother-in-law was sick. What strength the Lord must have that just by taking her hand, He cured her! That healing was so complete that after the miracle she began to serve them. The news of this cure spread around the region like wild fire and a great crowd arrived at Peter's house. They brought to the Lord many who were possessed by the Evil One and others who had different physical illnesses. He cured many.

The next day, early in the morning, He went to a deserted place to pray. The apostles approached Him and told Him that many people were still looking for him. But He answered them, "Let us go somewhere else, to the nearby towns, to preach there also; that is the reason that I have come here." The Lord had come with another mission. His plan was to spread the Word himself and that, afterwards, it should continue to be spread through the apostles. We, as Christians, also have to spread the Word, evangelizing as Christ did, humbly and without seeking fame or any personal gain. This society, even though it shows us on a daily basis that it is distancing itself from God, in reality needs Him urgently, His Word and His healing power because in the world there is sickness, sin, injustice and evil.

Saint Paul in his First Letter to the Christian community of Corinth, counsels them about the importance of preaching. And, when he speaks about himself, he says that he does not preach for his own satisfaction, that his mission is to announce the Gospel. We have the same obligation that Saint Paul had. We can repeat to ourselves often the words that he said: "Woe to me if I do not announce the Gospel!" Evangelizing can bring difficulties for us. Saint Paul also had them. But, in spite of the problems, he knew how to follow Christ and comply with the mission that had been entrusted to him. Let us act as Paul did. Let us follow his example. Many of us know of bishops, priests and deacons who, like the apostles, give testimony of their faith by complying with the teachings of Christ. They do not give up in the face of difficulties. They do their duty. But these people are not doing anything special, anything extraordinary. They are doing complying with the same obligation that we all have as Christians. We should not believe that this obligation ends when we leave the church after Sunday Mass. The mission of evangelization should continue every day of the week. Much of the evil that exists in this society exists because many Christians, because of fear or because they are ashamed of their faith, have stopped giving testimony of the Word, have stopped evangelizing.

Let us ask the Lord, in this Holy Mass, to help us to achieve our apostolate firmly and courageously, as Saint Paul did. And let us remember what he said: Woe to me if I do not announce the Gospel!"

Sexto Domingo del Tiempo Ordinario
Ciclo B Tomo 1
Lecturas: 1) Levítico 13, 1-2. 44-46 2) 1 Corintios 10, 31 – 11, 1 3) Marcos 1, 40-45

Hoy, las lecturas de la Santa Misa nos hablan de la enfermedad de la lepra. La Primera Lectura dice que en los tiempos de Moisés este mal y, en realidad, toda enfermedad infecciosa de la piel, era considerada impura. Cualquier persona que descubría que estaba infectada por la lepra tenía la obligación de presentarse al sacerdote para cumplir con la Ley. Los que padecían de esta enfermedad no podían estar entre la sociedad, ni acercarse a ninguna persona, sin antes gritar, "¡Impuro, impuro!" En nuestros tiempos, esto nos puede parecer una crueldad. Pero lo que las leyes judías estaban tratando de hacer, era proteger al pueblo del contagio, por el bien de todos. Para conseguirlo, obligaban a los leprosos a vivir de una manera inhumana.

Sabemos que Jesús era una persona bondadosa y comprensiva. En esta ocasión, además de eso, fue increíblemente valiente. No solamente curó al leproso, le dejó que se le acercara. El Señor, extendiendo su mano, le tocó, diciéndole, "Queda limpio". Tocar a un leproso, en aquellos tiempos, era algo inimaginable. Solamente el inmenso amor de Jesús hacia los humanos hizo esto posible. Lo que el Evangelio no nos explica es cómo este leproso pudo acercarse hasta donde estaba el Señor y arrodillarse ante Él. ¿Cómo pudo llegar? Esto nos enseña que para el Señor nada es imposible. Además, en esta ocasión, se iba realizar un milagro. Y cuando Jesús quiere algo, nada ni nadie se lo puede impedir.

Después de la curación, el Señor le dijo, "No se lo digas a nadie". Pero el enfermo, cuando se vio curado, debió de experimentar tanta alegría y agradecimiento que no pudo menos que ir contándolo con grandes ponderaciones. Esta recomendación que Jesús le hizo pudo ser porque quería pasar inadvertido, para poder predicar públicamente con más libertad. Y, de hecho, después de difundirse la noticia del milagro, tuvo que alejarse a descampado. Ya no podía estar abiertamente en ningún pueblo. Pero a pesar de estar alejado, acudían a Él de todas partes.

El leproso del Evangelio nos da una gran lección. Se arrodilló ante Cristo y con humildad le dijo: "Si quieres puedes limpiarme". Nosotros también necesitamos ser curados de muchas enfermedades, pero especialmente de las enfermedades espirituales del alma. El pecado, para el alma, es mucho peor que la lepra para el cuerpo. Si dejamos que los pecados mortales, e incluso veniales, se amontonen en ella, estaremos más enfermos, espiritualmente, que el leproso del Evangelio, aunque no se note físicamente.

Sabemos que todos pecamos. Afortunadamente, hay personas que, cuando cometen pecado mortal, lo antes posible van al Sacramento de la Reconciliación. No dejan que el pecado anide en ellos. Pero hay otros que almacenan pecados año tras año. Y, lo más triste de todo, es que algunos hasta reciben la Sagrada Comunión en ese estado. Estas personas no tienen ni idea de lo que están haciendo y muchísimo menos de la inmensidad de lo que están recibiendo: nada menos que el Cuerpo y la Sangre de Cristo. Deben saber que la Sagrada Eucaristía no es un formulismo.

Seamos sinceros. Reconozcamos que somos pecadores y que para estar preparados, como nos pide Cristo, debemos ir más a menudo al confesionario para limpiarnos de las inmundicias del pecado que es la lepra del alma

Sixth Sunday in Ordinary Time
Cycle B Book 1
Readings: 1) Leviticus 13:1-2, 4-46 2) 1 Corinthians 10:31-11:1 3) Mark 1:40-45

Today, the readings of the Holy Mass talk to us about the sickness called leprosy. The First Reading says that in Moses' time this illness and, in reality all infectious illnesses of the skin, were considered to be impure. Any person who discovered that he or she was infected with leprosy had to inform the priest in order to comply with the Law. Those who suffered this illness could not enter into society, nor could they approach another person, without first crying out, "Unclean, unclean!" In our times, this can appear to be cruel. But the Jewish laws were there to protect the people from contagion, for the good of all. In order to do this, those who had leprosy were made to live in an inhumane way.

We know that Jesus was a kindhearted and understanding person. On this occasion, besides that, He was incredibly valiant. He not only cured the leper, He allowed him to come close. The Lord, reaching out touched him, saying, "Be made clean." Touching a leper, in those days, was something unthinkable. Only the immense love that Jesus had for humanity made this possible. What the Gospel Reading does not explain to us is how the leper was able to approach the Lord and kneel before Him. ¿How did he approach Him? This shows us that for the Lord nothing is impossible. Moreover, on this occasion, a miracle would take place. And when Jesus wants something, nothing or no one can stop Him.

After the healing, the Lord said to him, ""Do not tell anyone." But the sick man, when he saw that he had been cured, must have experienced so much joy and thankfulness that he had to go and tell everything in great detail. Jesus probably said what he said because He wanted to go about unnoticed so that He could publicly preach with more freedom. And, in fact, after the news of the miracle had spread, He had to distance himself and go to a deserted place. He could no longer enter openly into any town. But in spite of having to remain at a distance, people came to Him from everywhere.

The leper in the Gospel Reading gives us a great lesson. He kneeled before Christ and humbly said: "If you want to, you can heal me." We also need to be cured of many sicknesses, especially the spiritual sicknesses of the soul. Sin, for the soul, is much worse than leprosy is for the body. If we allow mortal sins, and even venial ones, to pile up in our soul, we will be more ill spiritually than the leper of the Gospel Reading, even though this goes unnoticed physically.

We know that all of us sin. Fortunately, there are people who, when they commit a mortal sin, go as soon as possible to the Sacrament of Reconciliation. They do not allow sin to take root in them. But there are others who store up their sins year after year. And, the saddest part of all is that they even receive Holy Communion in this state. These people have no idea of what they are doing, and much less the enormity of what they are receiving: nothing less than the Body and Blood of Christ. They should know that the Holy Eucharist is not just a symbol.

Let us be sincere. Let us recognize that we are sinners and that to be prepared, as Christ asks of us, we should go more often to the confessional, to cleanse ourselves of the uncleanliness of sin which is the leprosy of the soul.

Séptimo Domingo del Tiempo Ordinario
Ciclo B Tomo 1
Lecturas: 1) Isaías 43, 18-19. 21-22. 24-25 2) 2 Corintios 1, 18-22 3) Marcos 2, 1-12

El domingo pasado, San Marcos, en el Evangelio, nos dijo que después de difundirse la noticia de la curación del leproso, Jesús tuvo que alejarse a descampado porque ya no podía entrar abiertamente en ningún pueblo. Pero, a pesar de estar en descampado, acudían a Él de todas partes. El Evangelio de este domingo nos dice que a los pocos días volvió a Cafarnaún. La noticia de su regreso se extendió y fueron a escucharle tanta gente que se agolpaban, llegando hasta la puerta de la casa. Él les habló, esparciendo la Palabra. Mientras hablaba, llegaron cuatro hombres que llevaban un enfermo paralítico en una camilla. Por el gentío que había les era imposible pasar. Pero no se dieron por vencidos. Subieron a encima de la casa, abrieron un boquete en el techo y descolgaron la camilla con el enfermo justo donde estaba Jesús hablando.

Pensamos, porque así debió de ser, que el Señor se maravilló de la perseverancia de estas personas y de la fe que mostraban. Así que le dijo al paralítico: "Tus pecados quedan perdonados". Entre la muchedumbre se encontraban unos escribas que, al escucharle, inmediatamente pensaron, "¿Por qué habla éste así? Blasfema. Solo Dios puede perdonar los pecados". Pensaban así porque no creían en el poder divino de Cristo, ni confiaban en Él. El Señor captó sus pensamientos y les preguntó, "¿Por qué pensáis eso?".

En la Primera Lectura, el profeta Isaías recuerda al pueblo de Israel que el poder de perdonar pecados solamente lo tiene Dios. Así que cuando Cristo le dijo al paralítico, "Tus pecados quedan perdonados" con estas palabras dejó bien claro que Él era el mismo Dios. El Señor explicó a los escribas que el Hijo del Hombre tenía potestad en la tierra para perdonar pecados.

El mundo está lleno de pecados y enfermedades. Nosotros no creemos, como los judíos de los tiempos de Jesús, que toda enfermedad viene del pecado. Pero sí sabemos que muchas de las enfermedades están vinculadas con el pecado. Por esta razón es tan importante permanecer limpios de pecado Cuando pedimos perdón a Dios con verdadera contrición y humildad, Él nos cura, dejándonos limpios de los pecados y de muchas enfermedades, igual que lo hizo con el paralítico.

Las lecturas de la Misa de hoy nos enseñan la importancia que tiene ayudar al prójimo. Dios siempre espera que acudamos a Él. Pero, a veces, no podemos hacer esto por nuestra propia cuenta. El paralítico del Evangelio nunca hubiera podido llegar a la presencia del Señor si cuatro personas, que suponemos eran familiares ó amigos, no le hubieran ayudado. Podemos preguntarnos, "¿Pensaba Jesús hacer ese día un milagro? ¿O fue la caridad y la fe de estas personas lo que le impulsó a curar al enfermo, dejándolo limpio de cuerpo y alma?"

En la Segunda Lectura, San Pablo aclara algunas acusaciones que se habían hecho en la comunidad de Corintio contra Silvano, Timoteo y contra él. Habló claramente a la comunidad, dejándoles saber que ninguno de los tres había cambiado las enseñanzas de Cristo, diciéndoles que en Cristo todas las promesas han sido un "sí". Y que ellos solamente responden "amén" a Dios, para gloria suya. Lo que nos enseña San Pablo a todos es que nadie, por ninguna razón, puede cambiar la Palabra de como Cristo la enseñó. Nuestra misión, como cristianos, es pregonar la Palabra sin ambigüedades, sin miedos y, sobre todo, sin cambiarla.

Seventh Sunday in Ordinary Time
Cycle B Book 1
Readings: 1) Isaiah 43:18-19, 21-22, 24-25 2) 2 Corinthians 1:18-22 3) Mark 2:1-12

Last Sunday, Saint Mark, in the Gospel Reading, told us that after the news of the cure of the leper got around, Jesus had to go out to a deserted place because He could not enter openly into any town. But, in spite of being in a deserted place, people came to Him from everywhere. The Gospel Reading this Sunday tells us that a few days later He returned to Capernaum. The news of His return spread and so many people came to hear Him that there was no room for them; they had to stand at the door to the house. He talked to them, sowing the Word. While He was talking, four men arrived carrying a paralyzed man on a stretcher. Because of the number of people there, it was impossible for them to go in. But they did not give up. They climbed up on top of the house, opened up a hole in the roof and let the man down on the stretcher right in front of where Jesus had been talking.

We believe, and it was probably that way, that the Lord was amazed by the perseverance of these people and the faith they showed. So He said to the paralyzed man: "Your sins are forgiven." In the crowd there were some scribes who, upon hearing Him, thought, "Why does He speak this way? He blasphemes. Only God can pardon sins." They thought that way because they did not believe in the divine power of Christ, nor did they trust Him. The Lord heard their thoughts and said to them, "Why do you think that way?"

In the First Reading, the prophet Isaiah reminds the people of Israel that only God has the power to pardon sins. So when Christ said to the paralyzed man, "Your sins are forgiven", with these words He made clear that He was God Himself. The Lord explained to the scribes that the Son of Man had power on the earth to pardon sins.

The world is full of sins and illnesses. We do not think, as the Jews of Jesus' time thought, that all illness is caused by sin. But we do know that many illnesses are linked to sin. For that reason it is very important to maintain ourselves free of sin. When we ask God to pardon us with contrition and humility, He will heal us, leaving us cleansed of sin and of many illnesses, just as He did with the paralyzed man.

The readings of the Mass today also teach us the importance of helping a neighbor. God always waits for us to go to Him. But, sometimes, we cannot do this on our own. The paralyzed man in the Gospel Reading could never have reached the presence of the Lord if four people, who we presume were family members or friends, had not helped him. We can ask ourselves, "Did Jesus plan on performing this miracle on that day? Or was it the charity and faith of these people that compelled Him to cure the sick man, leaving him clean of soul and body?"

In the Second Reading, Saint Paul clarifies some of the accusations made in the community of Corinth against Silvanus, Timothy and Paul, himself. He speaks clearly to the community, informing them that none of the three has changed the teachings of Christ, saying to them that in Christ all of the promises have been a "yes." And they only respond "amen" to God, to His glory. What Saint Paul teaches us is that nobody, for any reason, can change the Word as Christ taught it. Our mission, as Christians, is to preach the Word without ambiguities, without fear and, above all, without changing it.

Octavo Domingo del Tiempo Ordinario
Ciclo B Tomo 1
Lecturas: 1) Oseas 2, 16. 17. 21-22 2) 2 Corintios 3, 1-6 3) Marcos 2, 18-22

El Evangelio nos dice que unos Fariseos se acercaron a Jesús y le dijeron: "Los discípulos de Juan y los discípulos de los fariseos ayunan. ¿Por qué los tuyos no?" Jesús notó la mala intención de esta pregunta y les respondió que mientras el novio esté con ellos no pueden ayunar. Y añadió que llegará un día en que el novio les será quitado y entonces sí ayunarán. Quizá esta respuesta, a los fariseos, les dejó confusos. No la entendieron pero el Señor sabía lo que decía. Ya estaba pensando en los tiempos que se avecinaban cuando sería juzgado y crucificado.

No nos confundamos pensando, por lo que hemos escuchado en el Evangelio, que el ayuno no es importante para nosotros ó que no tenemos que ayunar. El mismo Cristo, con su ayuno de cuarenta días, nos enseña que Él sí quiere que ayunemos. Es más, tenemos la obligación de ayunar en determinados días del año, como miércoles de Ceniza y cada viernes de Cuaresma, en memoria de la muerte de Nuestro Señor.

Cuando Jesús se compara a sí mismo con el novio, les está recordando a los fariseos la alianza que existe entre Dios y la humanidad. Durante la larga historia del Pueblo de Dios, los profetas habían descrito el gran amor que tiene Dios por su pueblo. En la Primera Lectura, Dios le dice al pueblo hebreo, a través del profeta Oseas, que su amor por ellos es semejante al amor que tiene el novio por la novia. Todos los profetas coincidieron en que las bodas de Dios con su pueblo sucederían a su regreso. Así que cuando Jesús se comparó al novio, lo que estaba haciendo es dejando muy claro quién era Él. Estaba diciendo que Él era Dios.

En el Evangelio, Jesús dice que no es aconsejable echar un remiendo de tela nueva a un manto viejo ó vino nuevo en un odre viejo. Con esta comparación, lo que nos está pidiendo es que cambiemos nuestra manera de vivir, que tratemos de renovarnos completamente. No basta con hacer un pequeño remiendo a nuestra vida como, por ejemplo, confesar nuestros pecados sin verdadera contrición sabiendo que en seguida volveremos a caer en los mismos pecados. Lo que Dios espera de cada ser humano es una verdadera contrición. A Él no le gustan las medias tintas, como tampoco a nosotros. Nos pide a cada uno un cambio total y sincero.

En la Segunda Lectura, San Pablo escribió a los cristianos de Corintio amonestándoles sobre los problemas que había dentro de la comunidad. Esta fue la segunda vez que tuvo que escribirles recriminándoles por diferentes causas. Muchos de los problemas que estaban surgiendo en aquella comunidad, eran debido a que algunos corintios estaban cuestionando su autoridad. Algunos falsos predicadores portaban "cartas de recomendación" y posiblemente, en su osadía, pedían que San Pablo, y sus ayudantes, también las portaran. Criticaban a Pablo, diciendo que no estaba siguiendo seriamente la Ley de Moisés. Pablo reaccionó enérgicamente a estas acusaciones, por el bien de la comunidad. Les advirtió que él no necesitaba cartas de recomendación para predicar la Palabra de Dios. El hecho de que la comunidad cristiana existiera en Corintio, demostraba la autenticidad de lo que él enseñaba. Aunque él predicaba la Palabra, era el mismo Espíritu Santo quien la había grabado en los corazones de los corintios.

Las lecturas de hoy nos enseñan que Dios nos da toda su protección y su amor. A cambio nos pide que correspondamos con una entrega sincera y total.

Eighth Sunday in Ordinary Time

Cycle B Book 1

Readings: 1) Hosea 2:16, 17, 21-22 2) 2 Corinthians 3:1-6 3) Mark 2:18-22

The Gospel Reading tells us that some Pharisees approached Jesus and said to Him, "The disciples of John and the disciples of the Pharisees fast, ¿Why don't yours do the same?" Jesus saw the bad intention behind this question and He responded that while the bridegroom is among them they cannot fast. And He added that a day would arrive when the bridegroom would be taken away from them and then they would fast. Maybe this response left the Pharisees confused. They did not understand it but the Lord knew what He was talking about. He was already thinking of the times that were approaching when He would be tried and crucified.

Let us not get confused thinking, from what we heard in the Gospel Reading, that fasting is not important for us or that we do not have to fast. Christ himself, by fasting for forty days, taught us that He does want us to fast. Even more, we have the obligation to fast on certain days of the year, such as Ash Wednesday and each Friday of Lent, in memory of the death of Our Lord.

When Jesus compares Himself to the bridegroom, He is reminding the Pharisees of the alliance that exists between God and humanity. During the long history of the People of God, the prophets had described the great love that God has for His people. In the First Reading, God tells the Hebrew people through the prophet Hosea that His love for them is like the love that a bridegroom has for the bride. All of the prophets agreed that the wedding of God with His people would take place when He returned. So when Jesus compares Himself to the bridegroom, what He was doing is clarifying who He is. He was saying that He is God.

In the Gospel Reading, Jesus says that neither using new cloth to mend an old cloak nor putting new wine in an old wineskin is advisable. With this comparison, what He is telling us is that we should change our way of life, that we should try to renew ourselves completely. It is not enough to patch up our lives, such as, for example, when we confess our sins without true contrition, knowing that we will soon fall into the same sins. What God expects of every human being is true contrition. He does not like half measures nor do we. He asks each of us to make a total and sincere change.

In the Second Reading, Saint Paul wrote to the Christians of Corinth warning them about the problems that existed within the community. This was the second time that He had to write to them reproaching them for various reasons. Many of the problems that had arisen in that community were caused by some Corinthians who questioned his authority. Some false preachers carried "letters of recommendation" and, possibly, they dared to say that Saint Paul, and his assistants, should also carry them. They criticized Paul, saying that he did not take the Law of Moses seriously. Paul energetically reacts to these accusations, for the good for the community. He advises them that he does not need letters of recommendation to preach the Word of God. The fact that the Christian community in Corinth exists at all demonstrates the authenticity of what he teaches. Even though he is the one who preaches the Word, it is the Holy Spirit Himself who engraves it in the hearts of the Corinthians.

The Readings today teach us that God gives us all His protection and His love. In exchange He asks that we correspond with sincere and total dedication.

Noveno Domingo del Tiempo Ordinario
Ciclo B Tomo 1
Lecturas: 1) Deuteronomio 5, 12-15 2) 2 Corintios 4, 6-11 3) Marcos 2, 23 – 3, 6

Sabemos que los Diez Mandamientos son importantes para toda la humanidad. Pero las lecturas de este domingo se centran en el valor que tiene el Tercer Mandamiento. La Primera Lectura dice, "Guarda el día del sábado santificándolo, como el Señor tu Dios te ha mandado". Fue el mismo Dios quien mandó que el pueblo hebreo debiera consagrar el séptimo día de la semana a su culto, como signo de la alianza inquebrantable que hizo con ellos. Ese día debían recordar que Dios les había liberado de la esclavitud de Egipto y darle gracias por todo lo que había hecho por ellos.

El Evangelio nos relata una de las numerosas veces que Jesús fue acusado de quebrantar la ley del sábado. Cristo nunca quebrantó ni faltó a la santidad de este día. Guardaba el Día del Señor y lo santificaba como cualquier judío. Jesús no vino a este mundo a cambiar las leyes divinas, los Diez Mandamientos que Dios había dado a su pueblo. Vino a darles su verdadero sentido. Los católicos seguimos teniendo la obligación, bajo pena de pecado mortal si no lo hacemos, de ir a Misa una vez a la semana, en domingo, que es el día que dedicamos a alabar y dar gracias a Dios.

Algunas sectas preguntan, ¿Por qué el domingo y no el sábado? Durante los primeros años de la cristiandad, los cristianos judíos siguieron la costumbre judía de ir a la sinagoga los sábados. Allí oraban, escuchaban la lectura del Antiguo Testamento y luego hacían comentarios sobre ella. En los tiempos de los apóstoles, la comunidad cristiana, además del sábado, se reunía también el domingo, el *"dies dominica"*, que en latín quiere decir "el día del Señor". Se congregaban en casas particulares, principalmente para celebrar y conmemorar la Resurrección de Nuestro Señor. Cada domingo celebraban la Sagrada Eucaristía en comunidad. Escuchaban algunas de las cartas de Pablo, Pedro, Santiago ó de otros apóstoles. Después, el presbítero ó el diácono leía algunas partes de lo que hoy en día llamamos los Evangelios, relatos de la vida de Cristo. Y predicaba. Entonces se consagraba el pan y el vino que se convertían en el Cuerpo y la Sangre de Cristo. Recibían la Sagrada Comunión y la bendición del presbítero. Después se despedía a la gente y todos salían juntos en comunidad. Hacían lo mismo que hacemos nosotros cada domingo, se reunían para celebrar la Santa Misa.

La tradición nos dice que cuando las autoridades judías decretaron que si un cristiano deseaba ir a la sinagoga tenía que jurar antes que no creía que Jesucristo era Dios, suprimieron sus reuniones en la sinagoga cada sábado pero siguieron reuniéndose en comunidad cada domingo, el Día del Señor. Jesús les había dado a los apóstoles - y a sus sucesores - autoridad para decretar cambios, si fuera necesario, en la vida de la Iglesia. Recordemos que les dijo, "Todo lo que atéis en la tierra quedará atado en el cielo" (Mateo 18, 18). Así que, basándose en estas palabras de Jesús y en las que hemos escuchado hoy en el Evangelio, "El sábado se hizo para el hombre y no el hombre para el sábado", los primeros cristianos decidieron hacer el domingo el día principal de la oración cristiana.

El domingo, el Día del Señor, es de gran importancia en la vida de la Iglesia. Es un día santo y debemos dedicarlo, con reflexión y oración, al Señor. El que ama a Dios santificará el domingo, llegando temprano a la Iglesia, escuchando con atención las lecturas y participando de la Santa Misa. Y no se irá hasta que la Misa esté completamente concluida. Además, es aconsejable quedarse unos minutos en oración después de terminar la Misa dando gracias a Dios por el don de este día dedicado a Él.

Ninth Sunday in Ordinary Time
Cycle B Book 1
Readings: 1) Deuteronomy 5:12-15 2) 2 Corinthians 4:6-11 3) Mark 2:23 – 3:6

We know that the Ten Commandments are important for all of humanity. But the Readings this Sunday are centered on the value that the Third Commandment has. The First Reading says, "Take care to keep the Sabbath holy, as the Lord, your God, commanded you to do." It was God Himself who commanded that the Hebrew people should consecrate the seventh day of the week to His worship as a sign of the unbreakable alliance that He made with them. On that day they should remember that God freed them from slavery in Egypt and give Him thanks for all that He has done for them.

The Gospel Reading tells us about one of the numerous times that Jesus was accused of breaking the Sabbath law. Christ never broke nor failed to obey the sanctity of this day. He kept the Day of the Lord and made it holy just as any other Jew. Jesus did not come into this world to change divine law, the Ten Commandments that God had given to His people. He came to give them their true meaning. We Catholics have the obligation, under penalty of mortal sin, to go to Mass once a week, on Sunday, which is the day that we dedicate to praise and give thanks to God.

Some sects ask us: Why Sunday and not Saturday? During the first years of Christianity, the Christian Jews maintained the Jewish custom of going to the synagogue on Saturdays. There they prayed, listened to a Reading from the Old Testament and later made comments about it. In the time of the apostles, the Christian community, besides Saturday, would gather together on Sunday, the *dies dominica,* which in Latin means "the day of the Lord." They congregated in private homes, principally to celebrate and commemorate the Resurrection of Our Lord. Each Sunday they celebrated the Holy Eucharist in community. They heard some of the letters of Paul, Peter, James or other apostles. Afterwards, the priest or deacon would read parts of what today we would call the Gospels, stories of the life of Christ. And they preached. Then the bread and wine were consecrated and they would be changed into the Body and Blood of Christ. They would receive Holy Communion and the blessing of the priest. Afterwards, the people were dismissed and everyone left together. They did the same thing that we do every Sunday, they gathered together to celebrate the Holy Mass.

Tradition tells us that when the Jewish authorities decreed that if Christians wanted to go to the synagogue they had to swear that they did not believe that Jesus Christ was God, they eliminated the gatherings in the synagogue on Saturday but they continued to gather together in community every Sunday, the Day of the Lord. Jesus had given the apostles - and to their successors - the authority to make changes, if necessary, in the life of the Church. We should remember that He said, "Whatever you bind on earth shall be bound in heaven, and whatever you loose on earth shall be loosed in heaven." (Matthew 18:18) So, using these words of Jesus as a basis, together with the words we heard in the Gospel Reading today, "The Sabbath was made for man, man was not made for the Sabbath," early Christians decided to make Sunday the principal day of Christian prayer.

Sunday, the Day of the Lord, is of great importance in the life of the Church. It is a holy day and we should dedicate it, with reflection and prayer, to the Lord. Whoever loves the Lord will make Sunday holy, arriving early to Church, listening to the Readings and participating in the Holy Mass. And he or she will not leave until the Mass is completely over. Moreover, it is advisable to stay a few minutes in prayer after Mass to give thanks to God for the gift of this day dedicated to Him.

Primer Domingo de Cuaresma
Ciclo B Tomo 1
Lecturas: 1) Génesis 9, 8-15 2) 1 Pedro 3, 18-22 3) Marcos 1, 12-15

En esta Santa Misa, estamos celebrando el Primer Domingo de Cuaresma. El miércoles pasado, Miércoles de Ceniza, comenzó la temporada litúrgica que conmemora los cuarenta días que Nuestro Señor, Jesucristo, pasó en el desierto. La Iglesia Católica denomina a esta temporada tiempo de oración, de reflexión y de renovación interior. Es un tiempo que, con penitencia, limosna y limpieza de alma, nos preparará para celebrar dignamente la Pascua venidera.

San Marcos dice, en el Evangelio, que Jesús se quedó en el desierto cuarenta días, ayunando y dejándose tentar por Satanás. Todos sabemos que Jesús le venció. Si el Demonio intentó seducir a Cristo, ¿cómo podemos pensar nosotros que no nos va a perseguir y, si puede, hacernos caer en pecado? Aprendamos del Señor a no doblegarnos, a vencer a Satanás, no dejándonos caer en sus tentaciones. ¿Cómo conseguiremos vencer las tentaciones? Lo primero de todo es pidiendo ayuda a Dios. Después, si estamos llevando una vida digna, podremos fortalecernos espiritualmente recibiendo el Pan de Vida, la Sagrada Eucaristía. Así estaremos dispuestos a oponer resistencia a las tentaciones de cada día. Si caemos en pecado, siempre podemos acudir al Sacramento de la Reconciliación lo más pronto posible.

En la Primera Lectura, vemos cómo Dios salvó a Noé y su familia del diluvio. En los tiempos en que ocurrieron estos hechos, la sociedad en que vivía Noé se había alejado completamente de Dios, como está pasando ahora. Y, como a muchos les ocurre hoy en día, nada les parecía pecado. Hasta tal punto que solamente se pudieron encontrar ocho personas que seguían a Dios - Noé y su familia - que fueron los que entraron en el arca. Ninguna otra persona quiso escuchar a Noé cuando decía que se avecinaba la destrucción total. Dios salvó a los que estaban en el arca y de esa manera dio a la humanidad una segunda oportunidad para alcanzar la salvación. Sin el arca, la familia de Noé no hubiera podido sobrevivir las aguas del diluvio que destruyeron toda la inmundicia que existía y que hicieron renacer un mundo nuevo.

En la Segunda Lectura, San Pedro nos recuerda que desde tiempos remotos la Iglesia ha considerado que las aguas del diluvio son un símbolo de las aguas bautismales. Y el arca que salvó a Noé y su familia es un símbolo del Sacramento del Bautismo. Este sacramento nos encamina hacia la salvación que Jesucristo vino a traer a la humanidad con su muerte y resurrección. Pero no pensemos, ni por un momento, que simplemente por haber sido bautizados ya estamos salvados y podemos hacer lo que nos venga en gana. Después de quedar limpios en el Bautismo, si caemos en pecado, aún nos queda un camino a seguir: arrepentirnos y confesar nuestros pecados.

La Iglesia aconseja que durante la Cuaresma nos vayamos preparando espiritualmente para la celebración de la Pascua del Señor. Son días de desprendimiento, días para alejarnos de todas las cosas que nos inducen ó nos atan al pecado, días para ir dejando egoísmo y orgullo malsano y para hacernos más humildes. Sería un lamentable error, para cualquiera de nosotros, si durante estos cuarenta días no hiciéramos un balance serio, preguntándonos si estamos siguiendo a Dios ó nos estamos dejando llevar por las cosas mundanas.

Tratemos que esta Cuaresma sea más constructiva que las anteriores que hemos vivido. Esto lo conseguiremos haciendo una completa conversión en nuestras vidas. No rechacemos la oportunidad que nos da esta temporada cuaresmal.

First Sunday of Lent
Cycle B Book 1
Readings: 1) Genesis 9:8-15 2) 1 Peter 3:18-22 3) Mark 1:12-15

In this Holy Mass, we are celebrating the First Sunday of Lent. Last Wednesday, Ash Wednesday, we began the liturgical season in which we commemorate the forty days that Our Lord Jesus Christ spent in the desert. The Catholic Church calls this season a time of prayer, reflection, and interior renewal. A season that, through penance, alms-giving and cleanliness of soul, prepares us to celebrate worthily the coming Easter.

Saint Mark tells us in the Gospel Reading that Jesus stayed in the desert forty days fasting and allowing Satan to tempt Him. We all know that Jesus defeated him. If the Devil tried to seduce Christ, how can we think that he will not try to pursue and, if he is able, cause us to fall into sin? Let us learn from the Lord not to give in, to overcome Satan, not allowing ourselves to fall to his temptations. How can we overcome temptation? The first thing to do is to ask God for help. Afterwards, if we are living a worthy life, we should strengthen ourselves spiritually by receiving the Bread of Life, the Holy Eucharist. In this way, we will be ready to oppose the temptations of every day. If we fall to sin, we can receive the Sacrament of Reconciliation as soon as possible.

In the First Reading, we see how God saved Noah and his family from the flood. In the times that these events occurred, the society in which Noah lived had distanced itself completely from God, as is happening now. And, as is happening today, they thought that nothing they did was sinful. So much so, that only eight people could be found who followed God - Noah and his family - who were the ones who entered into the Ark. No other person wanted to listen to Noah when he said that total destruction was coming. God saved those who were in the Ark and in that way humanity had a second opportunity to reach salvation. Without the Ark, Noah's family would not have been able to survive the waters of the flood that destroyed all of the uncleanliness that existed and brought about the rebirth of a new world

In the Second Reading, Saint Peter reminds us that since the earliest times the Church has regarded the waters of the flood as a symbol of the waters of Baptism. And the Ark that saved Noah and his family is a symbol of the Sacrament of Baptism. This sacrament sets us on the right road to the salvation that Jesus Christ came to bring to humanity through His death and resurrection. But we should not think, even for a moment, that simply because we have been baptized that we are saved and we can do whatever we feel like doing. After we are cleansed in Baptism, if we fall into sin, we still have another road to follow: repentance and confession of our sins.

The Church recommends that during Lent we prepare ourselves spiritually for the celebration of the Paschal Celebration of the Lord. These are days for generosity, days for distancing ourselves from everything that could induce us to or tie us to sin, days for setting aside selfishness and unhealthy pride and for becoming more humble. It would be a lamentable error for any of us, if during these forty days we did not seriously take stock of our lives, asking ourselves if we are following God or if we are allowing ourselves to be influenced by worldly things.

Let us try to make this Lent more constructive than others we have lived. We will be able to do this if we go through a complete conversion of our lives. Let us not waste the opportunity that this Lenten season gives us.

Segundo Domingo de Cuaresma
Ciclo B Tomo 1
Lecturas: 1) Génesis 22, 1-2. 9. 10-13. 15-18 2) Romanos 8, 31-34 3) Marcos 9, 2-10

San Marcos explica hoy, en el Evangelio, lo que sucedió cuando Jesús subió al Monte Tabor con Pedro, Santiago y Juan. Días antes, en Cesarea de Filipo, les había hablado a los apóstoles, explicándoles que Él iba a sufrir mucho y que tendría que morir en manos de las autoridades religiosas judías. Después de escuchar al Señor, los apóstoles quedaron tristes y muy desanimados. Pudo ser por esta razón que subió a la montaña con estos tres apóstoles y les manifestó su verdadera gloria. Les dejó presenciar lo que hoy en día llamamos, "La Transfiguración".

El resplandor divino que los apóstoles contemplaron fue algo muy fugaz. De pronto vieron el rostro de Cristo resplandeciente, sus vestiduras de una blancura espectacular. Y también vieron que con Él estaban el profeta Elías y el patriarca Moisés.

Esta aparición milagrosa e increíble duro apenas unos instantes. Una nube los envolvió y escucharon una voz que decía, "Éste es mi Hijo amado; escuchadlo". Y, después de eso, solamente vieron a Jesús. Esto nos puede hacer pensar que el Señor dio a los apóstoles este privilegio para que participaran brevemente de esa felicidad reservada en el Cielo para todos los que siguen a Dios fielmente. También pudo ser para reafirmarles en la fe, ya que, después de hablarles de los sufrimientos y la muerte que tendría que padecer, quizás quiso quitarles la tristeza y preocupación que sentían. Precisamente en esos días los apóstoles no podían desfallecer en la fe. Y el Señor lo sabía. Iban a necesitar mucha valentía para soportar los acontecimientos que ocurrirían en Jerusalén.

La Primera Lectura habla del sacrificio que Abrahán estaba dispuesto hacer en obediencia a Dios. Vemos cómo Dios lo llamó por su nombre y Abrahán respondió con prontitud, "Aquí estoy". Dios quiso probarle, pidiéndole el más difícil de los sacrificios para un ser humano. Le pidió que cogiera a su hijo, Isaac, y se lo ofreciera en sacrificio en uno de los montes que Él le indicaría.

Pensemos: ¿Qué persona en la actualidad sería capaz de hacer algo así por obediencia y amor a Dios? Abrahán sí estuvo dispuesto a sacrificar a su hijo demostrando que su vida era un continuo obedecer y amar a Dios. Este hecho podrá parecer a un gran número de personas poco menos que una aberración: sacrificar a un hijo que tanto se ama. Además, en el caso de Abrahán, Isaac era su único hijo. Lo tuvo a una edad muy avanzada y lo quería entrañablemente. A nosotros, a veces, el Señor nos pide lo mismo que pidió a Abrahán, que hagamos algo que nos puede parecer muy difícil. La mayoría de las veces lo que quiere es ver nuestra reacción y cómo respondemos. Sabemos que Él nos deja elegir entre lo bueno y lo malo, entre obedecer ó desobedecer. El final de la Primera Lectura nos muestra el gran agradecimiento de Dios cuando hacemos algo por Él.

Ese mismo Dios, nuestro Dios, que no permitió que Abrahán sacrificara a su hijo, siglos después, sacrificaría a su propio Hijo, Jesucristo, Nuestro Salvador, nada menos que en la Cruz, para redimir al género humano del pecado.

En la Segunda Lectura San Pablo dice que Dios siempre está con nosotros. Esto nos debe dar un gran consuelo, sabiendo que cuando tenemos problemas, cuando las dificultades nos agobian, Dios está cerca para ayudarnos. Nos consuela saber que Cristo, que vino a salvarnos y que ahora está sentado a la derecha del Padre, nos prometió que siempre que pidamos algo en su nombre, Él intervendrá a nuestro favor.

Second Sunday of Lent
Cycle B Book 1
Readings: 1) Genesis 22:1-2, 9, 10-13, 15-18 2) Romans 8:31-34 3) Mark 9:2-10

Saint Mark explains to us today, in the Gospel Reading, what happened when Jesus climbed Mount Tabor with Peter, James and John. Days before this, in Caesarea Philippi, He had talked to the apostles, explaining to them that He would suffer greatly and would have to die at the hands of the Jewish religious authorities. After listening to the Lord, the Apostles were saddened and very downhearted. It could be for this reason that He climbed the mountain with these three Apostles and showed them His true glory. He allowed them to see what today we call, "The Transfiguration."

The divine radiance that the Apostles contemplated was short-lived. Suddenly they say the face of Christ shining; His clothes took on a spectacular whiteness. They also saw that with Him were the prophet Elijah and the patriarch Moses.

This miraculous and incredible apparition lasted just a few moments. A cloud enveloped them and they heard a voice that said, "This is my beloved Son; listen to him." And after that, they only saw Jesus. This makes us think that the Lord gave the Apostles this privilege so that they could experience briefly the happiness reserved in Heaven for those who follow God faithfully. It could also have been to reaffirm them in the faith, since, after having told them about the suffering and death that He would suffer, maybe He wanted to ease the sadness and worry that they felt. Precisely during the coming days, the Apostles could not allow their faith to weaken. And the Lord knew that. They would need to be very brave to endure the events that would take place in Jerusalem.

The First Reading talks about the sacrifice that Abraham was willing to make in obedience to God. We see how God called him by his name and Abraham responded promptly, "Here I am." God wanted to test him, asking him to make the most difficult sacrifice a human being can make. He asked him to take his son, Isaac, and offer him up in sacrifice on one of the hills that He would indicate.

Let us think: What person today would be able to do something like that in obedience and love of God? Abraham was prepared to sacrifice his son, showing that his was a life of continuous obedience and love of God. This deed could appear, to a great number of people to be nothing less than an aberration: to sacrifice a son that is loved so much. Besides that, in the case of Abraham, Isaac was his only son. He had him in his old age and he loved him dearly. To us, sometimes, the Lord asks the same thing that he asked Abraham, that we do something that can appear to us to be very difficult. The majority of the times, what He wants to do is test our reaction to see how we respond. We know that He allows us to choose between right and wrong, between obeying and disobeying. The end of the First Reading shows us the great gratitude of God when we do something for Him.

God Himself, our God, who did not permit Abraham to sacrifice his son, centuries afterwards, would sacrifice His own Son, Jesus Christ, Our Lord, nothing less than on the Cross, to redeem the human race from sin.

In the Second Reading Saint Paul says that God is always with us. This should be of great consolation for us, knowing that when we have problems, when difficulties overcome us, God is near to help us. It consoles us to know that Christ, who came to save us and who is now seated at the right hand of the Father, promised that whenever we ask for something in His name, He will intercede on our behalf.

Tercer Domingo de Cuaresma
Ciclo B Tomo 1
Lecturas: 1) Éxodo 20, 1-17 2) 1 Corintios 1, 22-25 3) Juan 2, 13-25

Hemos escuchado, en la Segunda Lectura, que San Pablo les dice a los cristianos de Corintio que no deben exigir signos a Dios. Y les enfatiza que el único signo que necesitan conocer es el signo de la Cruz de Cristo que, como él dice, es escándalo para los judíos y necedad para los gentiles. Les recuerda que, "lo necio de Dios es más sabio que los hombres y lo débil de Dios es más fuerte que los hombres". San Pablo fue uno de los que entendieron muy bien el significado de la Cruz. Recordemos lo que dijo en su Carta a los Gálatas, "yo no he de gloriarme sino en la cruz del Señor Jesucristo". (Gálatas 6,14)

La Primera Lectura de hoy es del Libro del Éxodo. Moisés bajó del Monte Sinaí portando con él las tablas que Dios le había entregado con los Diez Mandamientos. Esos mandamientos, Dios los hizo para que los hebreos se transformaran y se convirtieran en sus fieles seguidores. Pero también son para nosotros. Al cumplirlos demostramos a Dios obediencia, fidelidad y amor. Durante los siglos después del Éxodo, las autoridades religiosas judías añadieron a estos Diez Mandamientos nada menos que 600 leyes que los judíos tenían que acatar. En los tiempos de Jesús, los escribas y Fariseos, dos grupos poderosos de la religión judía, eran casi los únicos que entendían esas leyes. Se sobrentiende que así fuera, ya que ellos mismos fueron los que las habían implantado. Y se jactaban de que eran los únicos que las cumplían fielmente. Pero eso no era la realidad. Muchos de ellos no las seguían por obediencia ó amor a Dios. Fingían, ante el pueblo, que las seguían. Con esto querían demostrar que eran más responsables y mejores personas.

Los responsables del Templo de Jerusalén eran las autoridades religiosas judías. A través de los años, estos observaron que muchos judíos venían de los alrededores e incluso de países lejanos a sacrificar animales al templo. Decidieron alquilar puestos y mesas dentro del templo a los vendedores de animales y a los cambistas. Para hacernos una pequeña idea, era algo así como cualquier mercado alrededor del mundo. Comprendemos el terrible impacto que sufrió Jesús al entrar al templo y ver en qué habían convertido la casa de su Padre Amado. Y también comprendemos muy bien el enfado vigoroso del Señor cuando volcó las mesas de los cambistas y expulsó a los vendedores de ganado. También nos imaginamos que las autoridades judías no podrían dar crédito a lo que estaban viendo. Para ellos, el templo les pertenecía. Y ellos eran quienes daban las órdenes. Seguramente por eso, no pudieron aguantar que alguien les quitara la autoridad. Así que decidieron intervenir, preguntándole a Jesús, "¿Qué signos nos muestras para obrar así?". El Señor, como tenía por costumbre, no respondió a esta pregunta directamente, sino que dijo, "Destruid este templo, y en tres días lo levantaré". Estas palabras, ni las autoridades judías ni los propios discípulos, las entendieron. Fue después de su muerte y resurrección cuando los apóstoles comprendieron con claridad aquellas palabras del Maestro y lo que con ellas les quiso decir.

La muerte de Nuestro Señor, Jesucristo, en la Cruz nos dejó un testimonio palpable del inmenso amor que Él tiene para cada uno de nosotros. La cruz, para los griegos y romanos, era el objeto de tortura más horrible. Y los judíos la consideraban un instrumento de la maldición divina. Incluso hoy en día, para muchos, la Cruz puede parecer algo absurdo e incomprensible. Puede ser esta la razón que a muchos les cuesta entender que Dios enviara a su propio Hijo a padecer esa muerte atroz. Pero por más de veinte siglos nosotros, los cristianos, hemos proclamado, y seguimos proclamando con entereza y alegría, que la Cruz es la que nos redime y nos salva.

Third Sunday of Lent
Cycle B Book 1
Readings: 1) Exodus 20:1-17 2) 1 Corinthians 1:22-25 3) John 2:13-25

We heard, in the Second Reading, that Saint Paul tells the Christians of Corinth that they should not demand signs from God. And he emphasizes that the only sign that they need to have is the sign of the Cross of Christ, which, as he says, is a scandal for the Jews and foolishness for the gentiles. He reminds them that, "the foolishness of God is wiser than men; and the weakness of God is stronger than men." Saint Paul was someone who understood very well the significance of the Cross. Remember what he said in his Letter to the Galatians, "May I never boast except in the Cross of the Lord, Jesus Christ." (Galatians 6:14)

The First Reading today is from the Book of Exodus. Moses came down from Mount Sinai carrying the tablets that God had given him with the Ten Commandments. Those commandments, God made so that the Hebrew people could be transformed and converted into His faithful followers. But they are also meant for us. When we obey them, we show God our obedience, faithfulness and love. During the centuries after the Exodus, the Jewish religious authorities added to the Ten Commandments more than 600 laws that the Jews had to obey. In Jesus times, the scribes and the Pharisees, two powerful groups in the Jewish religion, were almost the only ones who understood these laws. That this was so was understandable since they were the ones who had imposed them. And they boasted of being the only ones who faithfully carried them out. But this was not true. Many of them did not follow them because of obedience or love of God. They pretended, before the people, to follow them. In this way, they wanted to show that they were more responsible and better persons.

Those responsible for the Temple of Jerusalem were the Jewish religious authorities. Through the years, they had observed that many Jews came from the surrounding areas, and even from countries far away, to sacrifice animals in the temple. They decided to rent out booths and tables inside of the temple to those who sold animals and changed money. To give us a small idea of what this means, it would be something like any marketplace anywhere. We can understand the terrible impact this had on Jesus when He entered the temple and saw what the house of His beloved Father had been turned into. And we also understand very well the righteous anger that the Lord felt when He overturned the tables of the moneychangers and threw out the sellers of animals. We can also imagine that the Jewish authorities could not believe what they were seeing. In their way of thinking, the temple belonged to them. And they were the ones who should be giving the orders. For this reason, they could not stand for someone to take away their authority, so they decided to intervene, asking Jesus, "What signs can you show us for doing this?" The Lord, as usual, did not answer the question directly, instead He said, "Destroy this temple and in three days I will build it up again." These words, neither the Jewish authorities nor the disciples themselves, understood. It was after His death and resurrection that the apostles understood, with clarity, those words of the Master and what He wanted to say by them.

The death of Our Lord, Jesus Christ, on the Cross shows us clearly the great love that He has for each one of us. The Cross, for Greeks and Romans, was a most horrible means of torture. And the Jews considered it an instrument of divine damnation. Even today, for many, the Cross can seem to be absurd and incomprehensible. That could be the reason that it is hard for many to comprehend why God would send His Son to suffer a horrible death. But for more than twenty centuries, we Christians have proclaimed, and we continue to proclaim with integrity and joy, that by the Cross we are redeemed and saved.

Cuarto Domingo de Cuaresma
Ciclo B Tomo 1
Lecturas: 1) 2 Crónicas 36, 14-16. 19-23 2) Efesios 2, 4-10 3) Juan 3, 14-21

Hemos llegado al Cuarto Domingo de Cuaresma. Como sabemos, durante los cuarenta días de esta temporada debemos observar ayuno y abstinencia, hacer caridad y orar más. La Cuaresma es tiempo de meditación pero no es, como muchos creen, un tiempo aburrido. A lo que la Cuaresma nos invita es a pensar que ya se aproximan los días en que conmemoramos lo que Nuestro Señor Jesucristo padeció para redimirnos. Es tiempo de que hagamos una renovación, quitando de nosotros el pecado y disponiéndonos a una sincera conversión. Este domingo es el único de la temporada cuaresmal que es un poco menos severo. En este Cuarto Domingo de Cuaresma la Iglesia celebra cada año lo que, desde tiempos inmemoriales llama Domingo Laetare que viene de una palabra que en latín significa, "festejad". Esta palabra es la primera que se pronuncia en la Antífona del Rito de Entrada en todas las Misas de este domingo.

Aunque es un poco más alegre que los otros domingos de Cuaresma, hay que concienciarse que estamos llamados a vivir un periodo de penitencia y de rehabilitación espiritual, recapacitando seriamente si estamos llevando una buena vida y siguiendo a Dios. Esta temporada ya está avanzada y pasará, como pasa todo en esta vida. No dejemos que se vaya sin una renovación constructiva y sincera.

En el Evangelio, San Juan nos recuerda la paciencia y la misericordia que Dios tiene con nosotros. Su inmenso amor por la humanidad fue el motivo por el que entregó a su único Hijo, "para que no perezca ningún ser humano que cree en Él, sino que tenga vida eterna". Por nuestra salvación, Cristo se inmoló, padeciendo una muerte terrible por nosotros en la Cruz. Pero para alcanzar esa salvación, no basta solamente con decir que creemos en Dios. Tenemos que demostrarlo con nuestras buenas obras. Porque si nuestras obras son malas, si seguimos en las tinieblas del pecado, nunca encontraremos la senda que nos llevará a la luz. Y para encontrar esa senda que nos encamina a Dios, necesitaremos de su gracia. Porque nadie puede salvarse sin la gracia de Dios.

La Segunda Lectura es de la Carta de San Pablo a los Efesios. Esta carta es considerada una de las más bellas de la Biblia. Es probable que San Pablo la escribiera durante alguna de las épocas que estuvo encarcelado. En ella, les recuerda a los Efesios que Dios es rico en misericordia y que su bondad no tiene límites. Y les recalca que "Dios nos ha creado para que nos dediquemos a las buenas obras".

La Primera Lectura nos enseña que, aunque Dios tiene un especial amor por nosotros, si insistimos irresponsablemente en seguir pecando y viviendo a nuestro antojo como si Él no existiera, nos ocurrirá lo mismo que le ocurrió al pueblo judío. Dios, cansado de sus infidelidades, permitió que los caldeos destruyeran el Templo de Jerusalén y los hicieran cautivos llevándolos a Babilonia. A veces Dios nos manda pruebas pero siempre lo hace con gran misericordia. Nos da un toque, para que recapacitemos y regresemos a Él arrepentidos. Hay que tener en cuenta que de Dios no se ríe nadie. Y si no obedecemos al que le debemos todo y al único que nos puede salvar, ¿no estaremos malgastando el tiempo que tenemos hasta que Él nos llame? Dios siempre nos escucha, siempre está dispuesto a perdonarnos, como lo hizo con el pueblo judío, pero espera de nosotros que tratemos de liberarnos de las ataduras que nos impiden llegar hasta Él.

Fourth Sunday of Lent

Cycle B Book 1

Readings: 1) 2 Chronicles 36:14-16, 19-23 2) Ephesians 2:4-10 3) John 3:14-21

We have reached the Fourth Sunday of Lent. As we know, during the forty days of this season we should observe fasting and abstinence, do charitable works, and pray more. Lent is a time for meditation but it is not, as some think, a boring time. Lent calls us to think about the fact that soon we will be commemorating what Our Lord had to suffer to redeem us. It is a time for us to renew ourselves, cleansing ourselves of sin and preparing for a sincere conversion. This Sunday is the only Sunday in the Lenten season that is somewhat less severe. On this Fourth Sunday of Lent, the Church celebrates every year a day that is called, since the first days, Laetare Sunday, which comes from a Latin word that means "rejoice." This is the first word that is said in the Antiphon of the Entrance Rite in all of the Masses this Sunday.

Even though this Sunday is a little more joyful than others in Lent, we should understand that we are called to live a period of penance and spiritual rehabilitation, meditating seriously on whether we are living a good life and following God. A good part of this season has gone by and it will end, as everything must end in this life. Let us not let it go by without a sincere and constructive renewal.

In the Gospel Reading, Saint John reminds us of the patience and mercy that God feels for us. His immense love for humanity was the reason that He delivered up His only Son, "so that no human being who believes in Him will perish but will have eternal life." For our salvation, Christ sacrificed Himself, suffering a terrible death on the Cross for us. But to reach that salvation, it is not enough for us to say that we believe in God. We have to show it with our good works. Because if our works are bad, if we continue in the darkness of sin, we will never find the path that leads to the light. And to find that path that leads to God, we need His grace. Because nobody can be saved without the grace of God.

The Second Reading is from the Letter of Paul to the Ephesians. This letter is considered to be one of the most beautiful in the Bible. It was probably written by Saint Paul during one of the times that he was in jail. In it, he reminds the Ephesians that God is rich in mercy and that His goodness has no limits. And he reminds them that, "God has created us so that we can dedicate ourselves to good works."

The First Reading shows us that, even though God has a special love for us, if we irresponsibly insist on continuing to sin and living life as we choose to, as if He did not exist, what happened to the Jewish people will happen to us. God, tired of their infidelity, allowed the Chaldeans to destroy the Temple of Jerusalem and take them all captives to Babylon. Sometimes God sends us tests but He always does so with great mercy. He tries us, to see if we will reconsider and return to Him after repenting. We should understand that no one laughs at God. If we do not obey the One to whom we owe everything and the only One who can save us, will we not be wasting the time left to us until He calls us? God always listens to us, He is always ready to pardon us, as He did the Jewish people but He expects us to try to free ourselves from the bonds that keep us from reaching Him.

Quinto Domingo de Cuaresma
Ciclo B Tomo 1
Lecturas: 1) Jeremías 31, 31-34 2) Hebreos 5, 7-9 3) Juan 12, 20-33

Las lecturas de estos últimos domingos de Cuaresma nos van acercando a la conmemoración del acontecimiento culminante de nuestra fe: la Resurrección de Nuestro Señor Jesucristo. Pero, para vivir la Resurrección de Cristo plenamente, antes tenemos que pasar por su pasión y muerte. La Semana Santa está muy próxima. Durante estos días debemos meditar en qué se centra el sacrificio de Jesús en la Cruz, tratando de llegar a entender plenamente que cada uno de nosotros fue salvado por su muerte.

San Juan, en el Evangelio de hoy, dice que Jesús ya sabía todo lo que tendría que ocurrir durante aquella semana en que sería entregado y crucificado. Y, aunque estaba sufriendo terribles angustias, se preparaba con oración. Recordemos que en el Huerto de Getsemaní la angustia fue tan intensa que sudó gotas de sangre. Hay quien cree que como Cristo era Dios, todos estos padecimientos, para Él, eran como un símbolo. Piensan que ni los padeció, ni los sufrió. Pensar de esta forma no se ajusta a la realidad. En su naturaleza humana, Jesús tenía todas las flaquezas y debilidades que nosotros tenemos, menos una: el pecado. El Señor tenía pánico a lo que se le avecinaba. Pero estaba consciente de la misión a la que había sido destinado. El Evangelio nos dice que Jesús se recordaba que para esto había venido y notaba que su alma estaba agitada. Pero mostrando un carácter fuerte y su entereza, siguió orando y glorificando al Padre.

Aunque sabía que iba a pasar muchos dolores físicos, vejaciones, e insultos, Jesús también sabía que su muerte en la Cruz no sería una derrota. Pero esto no quiere decir que pensar en ella, y en todo el proceso, no le causara miedo. Sabía que iba a sufrir lo que ningún ser humano puede ni imaginar. La entereza de Jesús ante el sufrimiento debe enseñarnos a llevar nuestras cruces de cada día con resignación y hasta con valentía. En comparación a la que soportó Él, las nuestras son pequeñeces. Sufrir simplemente por sufrir no tiene ningún valor. Eso es más bien masoquismo. Pero sufrir por fidelidad a Dios, para Él, tiene un valor incalculable. Soportar y ofrecer los sufrimientos a Dios es una manera muy eficaz de seguir a Cristo y alcanzar la gloria. El mismo Jesús, aunque sabía lo que iba a sufrir, aceptó la Cruz.

La Segunda Lectura es de la Carta a los Hebreos. No se sabe a ciencia cierta quien escribió esta carta pero de lo que sí estamos seguros es que contiene una teología muy desarrollada. Esta lectura, como el Evangelio, también habla del sufrimiento de Jesús antes de morir. Nos dice que Nuestro Señor, "Aprendió, sufriendo, lo que cuesta obedecer". Muchas veces a nosotros también nos cuesta obedecer los mandamientos de Dios. Y nos preguntamos: ¿Realmente merece la pena obedecerlos? La respuesta es un sí rotundo. Cristo, al obedecer la voluntad del Padre Celestial, logró pasar de la muerte en la Cruz a la gloria de la resurrección. Y nosotros, si obedecemos a Dios y cumplimos sus mandamientos, podremos lograr, algún día, gozar de la gloria celestial.

En la Primera Lectura el profeta Jeremías le dice al pueblo judío que un día Dios hará una nueva alianza con la humanidad. Los cristianos sabemos que esa nueva alianza la selló Jesús con su muerte y resurrección. Y cuando aceptamos a Jesucristo como nuestro Dios y Salvador, aceptamos esa nueva alianza y nos comprometemos a seguirle fielmente, aceptando la Cruz, como lo hizo Él.

Fifth Sunday of Lent
Cycle B Book 1
Readings: 1) Jeremiah 31:31-34 2) Hebrews 5:7-9 3) John 12:20-33

The Readings of these last few Sundays of Lent bring us nearer to the commemoration of the greatest event of our faith: the Resurrection of Our Lord, Jesus Christ. But, to live the Resurrection of Christ fully, first we have to go through His passion and death. Holy Week will be here soon. During these days, we should meditate on what the sacrifice of Jesus on the Cross means, trying to understand fully that each one of us was saved by His death.

Saint John, in the Gospel Reading today, says that Jesus already knew everything that would take place during that week in which He would be handed over and crucified. And, even though He was suffering terrible anguish, He prepared himself through prayer. Let us remember that in the Garden of Gethsemane the anguish was so great that He sweated drops of blood. There are those who think that since Christ is God all of that suffering was for Him only symbolic. They think that He neither endured it nor experienced it. Thinking in this way does not fit in with reality. In His human nature, Jesus had all of the weaknesses that we have, except for one: sin. The Lord was panic stricken by what He knew was coming. But He was conscious of the mission that He had been given. The Gospel Reading tells us that Jesus remembered that for this He had come and He noted that His soul was troubled. Even so, showing His strength of character and His integrity, He continued to pray and glorify the Father.

Even though He knew that He was going to go through much physical pain, torture and insults, Jesus also knew that His death on the Cross would not be a defeat. But that does not mean that when He thought about it, and the whole process that would lead up to it, that He was not afraid. He knew that He would suffer what no human being can even imagine. The integrity of Jesus when faced with suffering should show us how to carry our own daily crosses with resignation and even with valor. In comparison with the one that He had to carry, ours are small stuff. Suffering simply to suffer has no merit. That is more like masochism. But to suffer because of fidelity to God has an incalculable value for Him. Putting up with and offering suffering to God is a very effective way of following Christ and reaching heaven. Jesus Himself, even though He knew He would suffer, accepted the Cross.

The Second Reading is from the Letter to the Hebrews. It is not certain who wrote this letter but what is certain is that it contains a theology that is very developed. This Reading, like the Gospel Reading, also talks about the suffering that Jesus went through before dying. It tells us that Our Lord, "Learned, through suffering, the cost of obedience." Many times, it is also hard for us to obey the commandments of God. And we ask ourselves, is obeying them really worth it? The answer is a definite yes. Christ, by obeying the will of the Heavenly Father, was able to go from death on the Cross to the glory of the Resurrection. And if we obey God and carry out His commandments, we will be able, one day, to enjoy the glory of heaven.

In the First Reading, the prophet Jeremiah says to the Jewish people that one day God will make a new covenant with humanity. We, Christians, know that Jesus sealed the new covenant with His death and resurrection. And when we accept Jesus Christ as our God and Savior, we accept that new covenant and we promise to follow Him faithfully, accepting the Cross, as He did.

Domingo de Ramos en la Pasión del Señor
Ciclo B Tomo 1
Lecturas: 0) Marcos 11, 1-10 1) Isaías 50, 4-7 2) Filipenses 2, 6-11 3) Marcos 14, 1 - 15, 47

Con la fiesta de hoy, Domingo de Ramos en la Pasión del Señor, celebramos el inicio de la semana más grande e importante de todo el año litúrgico. Antes del Segundo Concilio Vaticano, se celebraba el Domingo de la Pasión del Señor y, una semana después, el Domingo de Ramos. Después del Segundo Concilio Vaticano, la Iglesia decidió unir estas dos celebraciones. Es por eso que hoy es el único domingo del año que se leen dos Evangelios: el de la entrada de Jesús en Jerusalén y el de su pasión y muerte.

Al comenzar esta Misa, en el Primer Evangelio, hemos escuchado que Jesús y sus discípulos se dirigían a Jerusalén. Cerca ya del Monte de los Olivos, el Señor envió a dos de sus discípulos a una aldea cercana para que le trajeran el pollino de asno que encontrarían atado allí. Al traérselo le pusieron los mantos encima, Jesús se montó y siguieron su peregrinación a la Ciudad Santa.

Yendo de camino, y estando cerca de las puertas de la ciudad, encontraron a mucha gente que habían venido de diferentes lugares y que también se dirigían a Jerusalén a celebrar la Pascua. Cuando vieron que Jesús se acercaba, montado en un pollino, comenzaron a aclamarle, gritando, "¡Hosanna!" Y a la vez, agitando ramos, siguieron cantando, "¡Bendito el que viene en nombre del Señor!" Quizás estas personas recordaban las palabras del profeta Zacarías que, siglos antes, había profetizado que el pueblo reconocería al Mesías esperado porque entraría triunfante en Jerusalén montado en un borrico (Zacarías 9, 9). Pero el profeta también profetizó que el Mesías seria aclamado por un pueblo que después se pondría en contra de Él y pediría su muerte. Jesús sabía que esta entrada triunfal en la Ciudad de David iba a ser el comienzo de todo lo que tendría que pasar durante lo que hoy conocemos como la Semana Santa. Aunque el Señor entró triunfante en Jerusalén, seguramente sentiría a la vez tristeza, viendo tanto entusiasmo en aquella gente y cómo le aclamaban y sabiendo que esas mismas personas, unos días después, lo rechazarían y pedirían su muerte, gritando, "¡Crucifícalo!".

El Domingo de Ramos en la Pasión del Señor empieza como un día de fiesta y alegría. Entramos en la Santa Misa en procesión, cantando y con los ramos en alto, pero luego, lo que hemos escuchado en el Segundo Evangelio nos habrá puesto tristes, al meditar sobre la terrible pasión y muerte de Nuestro Señor. Cristo tomó su Cruz y nos pide que nosotros estemos dispuestos a seguir sus huellas y a aceptar la Cruz, como lo hizo Él.

Hermanas y hermanos, ya estamos llegando al final de esta Cuaresma. Muchos de los aquí reunidos se habrán estado preparando con ayuno, dando limosna y haciendo penitencia. Y, seguramente, para esta fecha, ya habrán hecho una buena confesión, renovándose a través del Sacramento de la Reconciliación. Estos, precisamente, son los medios que los cristianos usamos para penetrar más profundamente en el verdadero sentido de la Semana Santa y vivirla más intensamente.

Si algunos aún no se han percatado que estamos en los últimos días de Cuaresma y que es tiempo para una renovación espiritual, me tomo el atrevimiento de recordarles que aún están a tiempo para esa renovación. El jueves que viene terminará la Cuaresma. Y el viernes empezaremos a vivir el Santo Triduo, los tres días que conmemoran la pasión, muerte y resurrección de Cristo. Aún están a tiempo para prepararse. Solo así podrán celebrar con alegría la Pascua de la Resurrección.

Palm Sunday of the Lord's Passion
Cycle B Book 1
Readings: 0) Mark 11:1-10 1) Isaiah 50:4-7 2) Philippians 2:6-11 3) Mark 14:1--15:47

With the feast today, Palm Sunday of the Lord's Passion, we celebrate the beginning of the greatest and most important week of the liturgical year. Before the Second Vatican Council, Passion Sunday was celebrated and, a week afterwards, Palm Sunday. After the Second Vatican Council, the Church decided to unite these two celebrations. This is the reason that today is the only Sunday of the year in which two Gospels are read: one about the entry of Jesus into Jerusalem and one about His passion and death.

At the beginning of this Mass, in the first Gospel Reading, we heard that Jesus and His disciples were on their way to Jerusalem. As they approached the Mount of Olives, the Lord sent two of His disciples to a village close by so that they could bring the colt of an ass that they would find tied up there. When they brought it to Him they placed their cloaks on it, Jesus mounted, and they continued their pilgrimage towards the Holy City.

On the road, and close to the gates of the city, they encountered many people who had come from different places and who were also on the way to Jerusalem to celebrate the Passover. When they saw Jesus approach, mounted on a colt, they began to cheer Him, shouting out "Hosanna!" At the same time waving branches, they shouted out, "Blessed is he who comes in the name of the Lord!" Maybe these people remembered the words of the prophet Zechariah who, centuries before, prophesied that the people would recognize the awaited Messiah because he would enter triumphantly into Jerusalem mounted on the colt of an ass (Zechariah 9:9). But the prophet also prophesied that the Messiah would be acclaimed by a people who afterwards would rise up against him and seek his death. Jesus knew that this triumphant entry into the City of David would be the beginning of all that had to occur during what today we call Holy Week. Even though the Lord entered Jerusalem triumphantly, He surely felt, at the same time, sadness as He saw so much enthusiasm among the people and how they acclaimed Him and knowing that these same people, a few days later, would reject Him and ask for His death, shouting, "Crucify him!"

This Palm Sunday in the Lord's Passion begins as a day of celebration and joy. We enter into the Holy Mass in procession, singing and with our palm branches raised high. But later, what we hear in the Second Gospel Reading makes us feel sad as we meditate on the terrible passion and death of Our Lord. Christ took up His Cross and asks us to be prepared to follow in His footsteps and accept the Cross, as He did.

Sisters and brothers, we have already reached the end of Lent. Many of those gathered here have prepared with fasting, giving alms and doing penance. And, surely, by this date, they have made a good confession, renewing themselves through the Sacrament of Reconciliation. These are precisely the means that we Christians use to penetrate more deeply into the real meaning of Holy Week and live it more intensely.

If some people have not caught on to the fact that we are in the last days of Lent and that this is a time for a spiritual renewal, let me remind them that there is still time for that renewal to take place. This coming Thursday Lent ends. And Friday we begin to live the Holy Triduum, the three days in which we commemorate the passion, death and resurrection of Christ. There is still time for you to prepare. Only in this way will you truly be able to they be able to celebrate Easter with joy.

La Resurrección de Nuestro Señor y Salvador Jesucristo
Ciclo B Tomo 1
Lecturas: 1) Hechos 10, 34a. 37-43 2) Colosenses 3, 1-4 3) Juan 20, 1-9

Después de haber pasado una Semana Santa larga y triste, padeciendo junto con el Señor sus terribles sufrimientos y su muerte, estamos aquí participando en esta Santa Misa con alegría, sabiendo que Cristo ha resucitado. Y repetimos con frecuencia, "¡Aleluya!". Esta palabra, que significa "alaba a Dios", hoy se canta con júbilo en todas las iglesias Católicas alrededor del mundo. Dichosos los que alaban a Dios, le obedecen y le siguen.

Estamos celebrando el gran triunfo de Nuestro Señor Jesucristo, que con su propia muerte venció a la muerte y nos liberó de la esclavitud del pecado. Como seres humanos, todos conocemos lo que es la muerte. Es como una barrera que nos separa de la vida eterna. Cristo, como Dios y hombre, superó esa barrera, devolviéndonos la posibilidad de alcanzar el Cielo. Nos promete que cuando llegue nuestro tiempo de atravesar esa barrera nos veremos cara a cara con Él. Pero hay que tener en cuenta que no todos tendrán la dicha de participar de la gloria de Dios en el Cielo. Al dejar esta existencia terrena, nuestro destino dependerá de cómo nos hemos preparado para nuestra vida en la eternidad.

La gloriosa Resurrección del Señor sigue siendo el acontecimiento más grande conocido y registrado en toda la historia de la humanidad. Pero solamente se puede reconocer y vivir como tal a través de la fe. La fe es muy importante para todos los cristianos. Si Cristo no hubiera resucitado, nuestra fe no tendría ningún sentido. Con la Resurrección de Cristo, nació una nueva etapa en la historia salvífica de la humanidad, un nuevo capítulo en la vida humana, que nos deja ver el amor tan grande que Dios tiene por nosotros. Debido a eso, este Domingo de Resurrección los cristianos sentimos una alegría muy especial y nos llenamos de esperanza. Nos será de gran ayuda recordar con frecuencia que Jesús nos amó tanto que, a pesar de ser Dios, se entregó a la muerte por cada uno de nosotros, incluso a una muerte ignominiosa en la Cruz. Y con su entrega reconcilió a la humanidad con Dios, dándonos la posibilidad de vencer al pecado e ir al Cielo.

En la Segunda Lectura, escuchamos cómo San Pablo les dijo a los colosenses, "habéis sido resucitados con Cristo". Les aconseja que busquen los bienes del cielo que Cristo obtuvo con su muerte. Este consejo también es para nosotros. Esta lectura nos debe hacer reflexionar en no obsesionarnos tanto con la vanidad, con el poder, con el dinero. Realmente, en lo que tenemos que pensar es en ir ganando, como nos dice San Pablo, los bienes de arriba. Las cosas que ofrece el mundo, si nos dejamos obsesionar por ellas y solamente pensamos en adquirirlas, serán negativas para nuestra meta, que es conseguir el Cielo.

La Resurrección de Jesucristo nos ha salvado de la oscuridad del pecado y nos ha dado la oportunidad de conocer y compartir plenamente la luz del amor de Dios, que es la gracia del Espíritu Santo. Cristo, con su muerte, consiguió la salvación de toda la humanidad. Creer en Cristo, claro está, es la base fundamental de nuestra fe. Hay algunos que piensan, y esto es equivocado, que solamente con decir, "Creo en Cristo", ya están salvados. Piensan que ya no tienen que hacer nada porque Cristo nos salvó a toda la humanidad del pecado. Ciertamente, nos salvó del pecado, pero ahora estamos obligados a cumplir los mandamientos, a mostrar nuestra fe en Dios con hechos contundentes, demostrando, con una vida ejemplar, que le estamos siguiendo fielmente. Si estamos viviendo en pecado, si estamos viviendo de espaldas a Dios, ¿Cómo se puede pensar que simplemente con decir, "Creo en Cristo", ya se está salvado? Cristo concederá el don de la salvación a los que correspondieron a su amor con entrega, obediencia y honestidad.

The Resurrection of Our Lord and Savior Jesus Christ
Cycle B Book 1
Readings: 1) Acts 10:34a, 37-43 2) Colossians 3:1-4 3) John 20:1-9

After having gone through a long and sad Holy Week, enduring with the Lord His terrible suffering and death, today we are here, participating in this Holy Mass with joy, knowing that Christ has risen. And we frequently repeat, "Alleluia!" This word, which means "Praise God," today is sung with joy in all of the Catholic churches around the world. Blessed are they who praise God, obey Him and follow Him.

We are celebrating the great triumph of Our Lord, Jesus Christ, who with His own death overcame death and who liberated us from the slavery of sin. As human beings, all of us know what death is. It is like a barrier that separates us from eternal life. Christ, as God and man, overcame that barrier, returning to us the possibility of going to heaven. He promises us that when the time for us to cross that barrier arrives we will see Him face to face. But we should bear in mind that not all will have the happiness of participating in the glory of God in Heaven. When we leave this earthly existence, our destiny will depend on how we prepared ourselves for our life in eternity.

The glorious Resurrection of the Lord continues to be the greatest event known and recorded in the entire history of humanity. But it can only be recognized and lived as such through faith. Faith is very important for all Christians. If Christ had not risen from the dead, our faith would not make any sense. With the Resurrection of Christ is born a new age in the salvation history of humanity, a new chapter in human life that allows us to see the great love that God has for us. Because of that, this Easter Sunday, we Christians feel a very special happiness and are filled with hope. It would be a great help for us to remember frequently that Jesus loved us so much that, in spite of being God, He gave Himself up to die for each one of us, even unto dying an ignominious death on the Cross. And with His death, He reconciled humanity with God, giving us the possibility of conquering sin and going to Heaven.

In the Second Reading, we heard how Saint Paul told the Colossians, "You were raised up with Christ." He counsels them to look for the heavenly goods that Christ obtained with His death. This counsel is also for us. This Reading should make us reflect on not being obsessed so much with vanity, with power, with money. In reality, on what we should be thinking about is on gaining, as Saint Paul says, heavenly goods. The things that the world offers, if we allow ourselves to be obsessed with them and we only think about acquiring them, will go against our goal, which is to go to Heaven.

The Resurrection of Jesus Christ has saved us from the darkness of sin and has given us the opportunity to fully know and share the light of the love of God, which is the grace of the Holy Spirit. Christ, by His death, obtained salvation for all humanity. Believing in Jesus, clearly, is the fundamental basis of our faith. There are some who think, and this is wrong, that just by saying, "I believe in Christ," they are saved. They think that they do not have to do anything else because Christ saved all of humanity from sin. Certainly, we were saved from sin, but now we have the obligation to obey the commandments, to show our faith in God through solid acts, demonstrating, with an exemplary life, that we continue to be faithful to Him. If we are living in sin, if we are living with our backs turned to God, how can we think that simply by saying, "I believe in Christ," we are saved? Christ will give the gift of salvation to those who have answered His love by surrendering to Him in obedience and with honesty.

Segundo Domingo de Pascua
Ciclo B Tomo 1
Lecturas: 1) Hechos 4, 32-35 2) 1 Juan 5, 1-6 3) Juan 20, 19-31

El Evangelio dice que el primer día de la semana se encontraban los discípulos en una casa con las puertas cerradas, en una habitación que todos conocemos hoy como el Cenáculo. Tenían miedo a muchas cosas pero especialmente a las autoridades judías. De improviso, entró Jesús. Y poniéndose en medio de ellos, les dijo, "Paz a vosotros".

¿Quién podrá imaginarse la alegría, la paz, y todas las otras emociones que pudieron sentir, primeramente la Santísima Virgen, como madre y después los apóstoles y todas las personas allí presentes que tanto le querían? Conocemos la tristeza, la derrota e incluso la impotencia y decepción, que todos ellos sintieron el día que murió el Señor en la Cruz. La presencia de Cristo Resucitado entre ellos, calmó sus miedos y la fe se les fortaleció nuevamente. Durante la Semana Santa, cuando Jesús fue detenido, azotado y crucificado, al verse solos y desamparados, sintieron el dolor de haber perdido al que tanto querían. Estaban confusos y la fe se les había debilitado.

Como seres humanos, solamente podremos hacernos una pequeña idea de lo que sintieron todas aquellas personas reunidas en el Cenáculo, si pensamos en cómo nos sentiríamos, si un ser querido que estuviera muerto de repente se presentara y nos hablara como lo hizo el Señor. Al escuchar las palabras alentadoras de Jesús, todos los discípulos menos Tomás que no se encontraba con ellos, percibieron esa confianza que todos sentimos al ver a una persona querida en la que podemos confiar. La presencia de Cristo entre ellos les reafirmó lo que Él les había repetido en varias ocasiones: que tendría que morir y que al tercer día resucitaría.

Después de esta primera aparición, los apóstoles le hablaron largamente a Tomás sobre la Resurrección del Maestro. Pero él no podía creerles. Había algo que se lo impedía. Quizás había demasiada tristeza dentro de él. Les contestó que no creería hasta ver al Resucitado con sus propios ojos y palpar sus heridas. Ocho días después, el Señor volvió a presentarse en el Cenáculo. Ese día Tomás sí se encontraba allí. Suponemos que al ver al Señor, sintió una increíble alegría y, a la vez, paz y confianza, viendo entre ellos al que tanto quería. Aunque también debió sentir tristeza y un poco de remordimiento al escuchar al Señor decirle, "Trae tu dedo, aquí tienes mis manos; trae tu mano y métela en mi costado y no seas incrédulo, sino creyente".

La Resurrección de Cristo, sus apariciones en el Cenáculo, y su presencia entre ellos durante cuarenta días antes de su Ascensión al Cielo - todo esto encajaba con los planes que Él tenía para los apóstoles. Los había estado preparando desde tiempo atrás. Con su presencia nuevamente les estaba dando ánimo y fortaleza, como lo había hecho en anteriores ocasiones durante su vida terrena.

Después de escoger Jesús a los apóstoles, había empezado a prepararlos para la gran misión que tendrían que realizar en lo sucesivo. Tendrían que continuar la obra de edificar la iglesia que Cristo fundó. Iban a proclamar a todas las naciones la Buena Nueva. Pero antes de poder realizar esta misión, tendrían que recibir la gracia y los dones del Espíritu Santo que los fortalecería.

Los discípulos y los primeros cristianos vivieron intensamente su fe. Gracias al testimonio que dieron, los cristianos hoy en día seguimos creyendo en la gloriosa Resurrección del Señor. Y sentimos la misma paz y alegría que sintieron ellos, sabiendo que Cristo Resucitado está siempre entre nosotros.

Second Sunday of Easter
Cycle B Book 1
Readings: 1) Acts 4:32-35 2) 1 John 5:1-6 3) John 20:19-31

The Gospel Reading says that on the first day of the week the disciples were in a house with the doors locked, in a room that we all know today as the Cenacle. They were afraid of many things but especially of the Jewish authorities. Suddenly, Jesus entered. And standing among them, he said, "Peace be unto you."

Who can imagine the joy, the peace and all of the other emotions that were felt first by the Most Holy Virgin, as a mother, and then by the Apostles and all of the other people gathered there who loved Him so much? We know the sadness, the defeat, and even the powerlessness and disappointment that all of them felt on the day that the Lord died on the Cross. The presence of the Risen Christ among them calmed their fears and their faith was strengthened once again. During Holy Week, when Jesus was detained, flogged and crucified, when they saw that they were alone and forsaken, they felt the pain of having lost someone that they loved so much. They were confused and their faith was weakened.

As human beings, we can get a small idea of what those people gathered in the Cenacle must have felt, if we think about how we would feel if a loved one who has died suddenly appeared before us and began to speak, as the Lord did. Upon hearing the encouraging words of Jesus, all of the disciples, except for Thomas who was not among them, felt the confidence that we all feel when we see a person whom we love and in whom we can trust. The presence of Christ among them reaffirmed what He had told them on various occasions: that He would have to die and rise up from the dead on the third day.

After that first apparition, the Apostles spoke at length with Thomas about the Resurrection of the Master. But he could not believe them. Something kept him from doing so. Maybe it was too much sadness inside of him. He answered saying that he would not believe until he had seen the Risen One with his own eyes and touched His wounds. A week later, the Lord appeared again in the Cenacle. This day Thomas was there. We suppose that when he saw the Lord he felt incredible joy and, at the same time, peace and confidence, seeing among them the one who he loved so much. But he also must have felt sadness and a little remorse when he heard the Lord say, ""Put your finger here, here are my hands; bring your hand and put it into my side, and do not be an unbeliever but a believer."

The Resurrection of Christ, His apparitions in the Cenacle, and His presence among them during the forty days before His Ascension into Heaven – all of this fit in with the plans that He had for the Apostles. He had been preparing them for a long time. With His presence once again He was giving them courage and strength, as He had done on past occasions during His earthly life.

After Jesus chose His Apostles, He had begun to prepare them for the great mission that they would have in the future. They would have to continue the task of building the church that Christ founded. They would proclaim to all the nations the Good News. But before they went about that mission, they had to receive the grace and the gifts of the Holy Spirit that would strengthen them.

The disciples and the first Christians lived their faith intensely. Thanks to the testimony that they gave us, we Christians today continue to believe in the glorious Resurrection of the Lord. And we feel the same peace and joy that they felt, knowing that the Risen Christ is always among us.

Tercer Domingo de Pascua
Ciclo B Tomo 1
Lecturas: 1) Hechos 3, 13-15. 17-19 2) 1 Juan 2, 1-5 3) Lucas 24, 35-48

La liturgia de este domingo sigue mostrándonos el espíritu Pascual, el espíritu de Jesucristo Resucitado. San Lucas, en el Evangelio, nos muestra cómo era un día normal en la vida de los apóstoles durante esos primeros días después de la Resurrección. El Señor se les apareció varias veces en determinadas ocasiones. Y sobre estas apariciones giraban las conversaciones de aquellos días. Los dos discípulos que habían hablado con Jesús cuando iban de camino a Emaús se encontraban con los apóstoles. Les contaron lo que les había ocurrido y cómo reconocieron al Maestro cuando partió el pan.

Estaban conversando cuando escucharon estas palabras: "Paz a vosotros". Por estas sencillas palabras, este saludo judío tan común, los apóstoles vieron que Jesús estaba en medio de ellos y tuvieron miedo. Él les dijo, "¿Por qué os alarmáis…?" Para que se tranquilizaran les mostró sus manos y sus pies. Después, les preguntó si tenían algo de comer. Le ofrecieron pescado y lo comió delante de ellos. Jesús estaba haciendo todo esto para darles confianza, pues Él sabía que el trauma que habían vivido les había dejado un poco cohibidos.

Nunca antes, cuando Jesús les había hablado de su muerte y resurrección, prestaron suficiente atención a lo que les estaba diciendo porque en el fondo no eran capaces de creer que alguien, incluso su Maestro, podía morir y resucitar. Esto no nos debe extrañar. Eso mismo nos hubiera ocurrido a nosotros. No fue hasta ver al Resucitado que creyeron. El Señor sabía y entendía lo que los apóstoles estaban pasando. Pudo ser por esta razón que se presentó varias veces. Quería estar con ellos, quería hacerles sentir su presencia y quitarles ese miedo para que volvieran a ser con Él, como habían sido anteriormente.

En la Segunda Lectura, San Juan dice que Cristo murió para salvar a la humanidad del pecado y la muerte. Sabemos que, como seres humanos, vamos a caer vez tras vez en pecado. Pero debe reconfortarnos lo que dice San Juan en su carta. Si pecamos, "tenemos a uno que abogue ante el Padre: a Jesucristo, el Justo". Esa entrega del Señor por nosotros debe animarnos a superar, en lo más posible, las tentaciones y el pecado.

Como cristianos estamos obligados a evitar todo peligro que nos conduzca al mal. Si queremos sentirnos verdaderamente libres, tendremos que someternos voluntariamente a seguir los mandamientos de Dios. Si lo hacemos, tendremos en esta vida muchísimos menos problemas y nos sentiremos más realizados y más felices. San Juan recalca que el que dice que conoce a Cristo pero no guarda sus mandamientos "es un mentiroso y la verdad no está en él".

Durante la historia de la humanidad, Dios siempre ha demostrado ser fiel a sus promesas. No ocurre igual con nosotros. Los seres humanos siempre acabamos defraudándole. Así y todo, prometió mandarnos un Mesías que nos salvaría de nuestros pecados. Y, como siempre, cumplió su promesa. Nos envió a su único Hijo. La Resurrección de Nuestro Señor ha dado a la humanidad la posibilidad de poder sentir de cerca el amor misericordioso de Dios. En nosotros está aceptar y coger esta posibilidad.

Third Sunday of Easter
Cycle B Book 1
Readings: 1) Acts 3:13-15, 17-19 2) 1 John 2:1-5 3) Luke 24:35-48

The liturgy this Sunday continues to show us the Paschal spirit, the spirit of the Risen Jesus Christ. Saint Luke, in the Gospel Reading, shows us how a normal day in the life of the apostles took place during those first days after the Resurrection. The Lord appeared to them various times on certain occasions. And the conversations during those days revolved around these apparitions. The two apostles who had talked with Jesus when they were on the way to Emmaus were with the apostles. They told them what had happened and how they had recognized the Master when He broke the bread.

They were talking together when they heard these words: "Peace be with you." Because of these simple words, this Jewish greeting that was so common, the Apostles saw that Jesus was among them and they were afraid. He said to them, "Why are you alarmed?" To calm them He showed them His hands and His feet. Afterwards, He asked them to bring something to eat. They offered Him fish and He ate it in front of them. Jesus was doing this to give them confidence, for He knew the trauma that they had lived through inhibited them somewhat.

Never before, when Jesus had talked about His death and resurrection, had they paid enough attention to what He was saying because they were not really capable of believing that anyone, including their Master, could die and rise up. This should not seem strange. The same thing would have happened to us. It was not until they saw the Risen One that they believed. The Lord knew and understood what the Apostles were going through. That could have been the reason that He appeared to them so many times. He wanted to be with them, He wanted to make them feel His presence and take away that fear so that they could treat Him as they had before.

In the Second Reading, Saint John says that Christ died to save humanity from sin and death. We know that because we are human we will fall again and again into sin. But we should take comfort in what Saint John says in his letter. If we sin, "We have an advocate before the Father, Jesus Christ, the Just One." This self-giving of the Lord for us should encourage us to overcome, as much as possible, temptations and sin.

As Christians we have an obligation to avoid all dangers that could lead us to evil. If we want to feel truly free, we have to submit voluntarily to following the commandments of God. If we do that, we will have a life with many fewer problems and we will feel that we have achieved something and be happier. Saint John stresses that whoever says that they know Christ but does not follow His commandments, "is a liar and the truth is not in him."

Throughout the history of humanity, God has always showed His faithfulness to His promises. That is not what we do. We human beings always end up letting Him down. Even so, He promised to send us a Messiah who would save us from our sins. And, as always, He kept His promise. He sent us His only Son. The Resurrection of Our Lord has given humanity the possibility of feeling the merciful love of God more intimately. It is up to us to accept and latch onto that possibility.

Cuarto Domingo de Pascua
Ciclo B Tomo 1
Lecturas: 1) Hechos 4, 8-12 2) 1 Juan 3, 1-2 3) Juan 10, 11-18

Hoy, en el Evangelio, Cristo nos dice, "Yo soy el Buen Pastor". Y nos asegura que nos conoce igual que Él conoce al Padre. Como ovejas de su redil, nos sentimos protegidas, sabiendo que Él ha sido capaz de dar su propia vida por nosotros. Dice que tiene otras ovejas que no son de este redil y que a estas ovejas también las tiene que traer. Nuestra misión, como cristianos, es ayudar en nuestra Iglesia a mantener el rebaño unido. Traer a otras ovejas al redil también nos corresponde a cada uno de nosotros. Y si hacemos esto podremos formar un solo rebaño bajo un solo pastor, Cristo.

Hermanas y hermanos, hoy es el Día Mundial de Oración por las Vocaciones al Sacerdocio, celebrado cada año el Cuarto Domingo de Pascua, el Domingo del Buen Pastor. La tarea de cada sacerdote es ser un buen pastor, estar bien familiarizado con sus ovejas, que son los cristianos que pertenecen a su parroquia, y defenderlas contra los lobos feroces que intentarán atacar el rebaño y sacarlas del redil. Debe ser como Jesús, dispuesto a entregar hasta su propia vida, si fuera necesario, para defender a su rebaño, recordando la recompensa que da Cristo a los que se entregan a Él.

Hoy es un día de oración, pidiendo a Dios, en el nombre de Nuestro Señor, Jesucristo, más vocaciones al sacerdocio. Muchas veces hay jóvenes que escuchan la llamada del Señor pero en la familia, en el entorno, incluso en la propia iglesia, no encuentran suficiente apoyo para que esa llamada fructifique. Y andan un poco desorientados sin saber a dónde acudir. Tenemos que darles nuestro apoyo y enseñarles que no hay nada más grande que, al escuchar la llamada del Señor, renunciar al mundo y dejar todo por Él. Tendrán que ser muy fuertes para ir retirando obstáculos y evitando zancadillas.

Ya sabemos que prepararse para el sacerdocio es una tarea de entrega que exige fidelidad a Dios y a uno mismo. El que está dispuesto a seguir a Cristo lo demostrará tratando de vivir una vida ejemplar en medio de un mundo donde hay lobos voraces. Por eso, si notamos que un joven tiene algo especial que nos deja pensar que hay en él buena madera para moldear, lo mismo la familia, que los amigos, que el sacerdote de su parroquia y toda la comunidad, deberán apoyarlo haciendo que esa vocación llegue hasta su fin. El joven tendrá que asimilar que, si está dispuesto a entrar al seminario, deberá entregarse completamente a su vocación. Habrá muchos años de estudios, pruebas espirituales y morales y mucho sacrificio antes de llegar a su ordenación sacerdotal. Y así debe ser. Porque para ser un buen sacerdote hay que estar bien preparado, dispuesto siempre a defender a las ovejas. También él tendrá que protegerse de muchos peligros que la vida le planteará. Y, lo más importante, tendrá que olvidarse de sí mismo, buscando el bien de los demás. Deberá recordar la frase que dijo Cristo, "Yo doy mi vida por mis ovejas".

Cada comunidad eclesial es un rebaño. Y nosotros somos miembros de ese rebaño. Como feligreses, tenemos que poner nuestro granito de arena, demostrando, primeramente con hechos, que el centro de nuestra vida es el Buen Pastor, Cristo. Después, habrá que fomentar armonía y unión en la comunidad para que los miembros se sientan cómodos y a gusto en ella. Entre todos tendremos que fortalecerla. Así, cuando vengan los lobos, que estoy seguro que vendrán, y quieran apartarnos de nuestra Iglesia y de nuestra fe, no podrán llevarse a ninguna oveja. Con unidad y buena armonía conseguiremos mantener, para Cristo, un solo rebaño bajo un solo pastor. Recordemos que Jesús dio su vida por nosotros. Él es nuestro Salvador, el Buen Pastor.

Fourth Sunday of Easter
Cycle B Book 1
Readings: 1) Acts 4:8-12 2) 1 John 3:1-2 3) John 10:11-18

Today, in the Gospel Reading, Christ tells us, "I am the Good Shepherd." And He assures us that He knows us just as He knows the Father. As sheep in His fold, we feel protected, knowing that He gave His own life for us. He says that He has other sheep that are not of this fold and that these sheep He also has to gather together. Our mission, as Christians, is to help our Church to maintain the flock united. Bringing others to the fold is also a task that each one of us has. And if we do this we will be able to form one flock under one shepherd, Christ.

Sisters and Brothers, today is the World Day of Prayer for Priestly Vocations, celebrated each year on this Fourth Sunday of Easter, the Sunday of the Good Shepherd. The task of each priest is to be a good shepherd, to be well familiarized with his sheep, the Christians who belong to his parish, and to defend them from the ferocious wolves who try to attack the flock and take them out of the fold. He should be like Jesus, prepared to give his life, if necessary, to defend his flock, remembering the reward that Christ gives to those who surrender themselves to Him.

Today is a day of prayer, asking God, in the name of Our Lord, Jesus Christ, for more vocations to the priesthood. Many times there are young men who hear the call of the Lord but in the family, in their surroundings, even in their own church, they do not encounter enough support for that calling to bear fruit. And they go around disoriented without knowing to whom they should go. We have to give them our support and show them that when they hear the call there is nothing greater than renouncing the world and giving everything for Him. They will have to be very strong so as to remove obstacles and sidestep stumbling blocks.

We know that preparing for the priesthood is a task of self-giving that demands fidelity to God and to oneself. Whoever is ready to follow Christ demonstrates it by trying to live an exemplary life in the midst of a world that is filled with voracious wolves. That is why, if we see a young man who is somewhat special who makes us think that he might have the right stuff, family, friends, parish priest, and the entire community, should support him so that his vocation will take root. The young man will have to understand that, if he is ready to enter the seminary, he will have to give himself over completely to his vocation. There will be many years of study, of spiritual and moral trials and much sacrifice before he gets to his priestly ordination. And that is as it should be. To be a good priest one must be well prepared, ready to defend the sheep. He will also have to protect himself from the many dangers that life will throw at him. And, most importantly, he will have to forget himself, looking out for the good of others. He should remember the phrase that Christ said, "I give my life for my sheep."

Each church community is a flock. And we are members of that flock. As parishioners we have to put in our grain of sand, showing, first of all with works, that the center of our life is the Good Shepherd, Christ. Next, we have to promote harmony and unity in the community so that its members feel comfortable and happy within it. All together, we will have to strengthen it. So, when the wolves come, and I am sure that they will come, and want to separate us from our Church and our faith, they will not be able to take away even one sheep. With unity and good harmony we will be able to maintain, for Christ, one flock under one shepherd. Let us remember that Jesus gave His life for us. He is our Savior, the Good Shepherd.

Quinto Domingo de Pascua
Ciclo B Tomo 1
Lecturas: 1) Hechos 9, 26-31 2) 1 Juan 3, 18-24 3) Juan 15, 1-8

En el Evangelio, Cristo se denomina a Él mismo como la vid. La Iglesia es el campo de Dios donde crece esa vid y nosotros somos los sarmientos. El Señor nos asegura que si permanecemos unidos a Él daremos frutos abundantes. Pero si alguno de los sarmientos se seca porque no está recibiendo la savia, ó sea la gracia del Espíritu Santo que le fortalece, el viñador, que es Dios, lo cortará y lo echará al fuego. Si permanecemos junto a Él, nutriéndonos con la palabra y la oración, si recibimos el alimento espiritual en la Sagrada Eucaristía, seremos fortalecidos y daremos frutos abundantes.

El Señor nos asegura que, aunque demos fruto, se nos podará para que demos más fruto. Esto lo entendemos muy bien. Lo hemos experimentado en muchas ocasiones. Hemos notado que cuando nos mantenemos junto a Él nos transformamos en personas diferentes y que vamos adquiriendo fruto en abundancia. A veces hemos pasado por algún bache en la vida por mala salud, problemas en la familia, u otras razones. Estas son las pruebas de Dios que sentimos al ser podados. Quiere probar nuestra fortaleza espiritual para ver si su gracia fluye dentro de nuestra alma.

El Pueblo de Israel, el pueblo que Dios eligió, con frecuencia en el Antiguo Testamento es comparado a una viña. Durante los primeros siglos después de conocer a Dios, los miembros de aquella comunidad consideraban que lo más importante era vivir de acuerdo con sus mandamientos. Pero poco a poco las autoridades religiosas habían creado muchas más leyes a seguir, y muy estrictas.

Al venir Jesucristo al mundo, cambió radicalmente la imagen de la vid y el sarmiento que el pueblo hebreo usaba para describir sus relaciones con Dios. Jesús nos enseña que la base de los Diez Mandamientos es amar a Dios y al prójimo. Y que, aunque seguimos teniendo la obligación de cumplir los mandamientos de Dios, ya no necesitamos seguir las viejas leyes del Antiguo Testamento que fueron creadas por seres humanos. Cristo, durante su vida terrena, nos dio a conocer al Padre y, con su muerte, nos ha demostrado el gran amor que tiene por toda la humanidad.

San Juan, en la Segunda Lectura, nos advierte que no amemos solo de palabra, que demostremos, con hechos y con buenas obras, nuestro amor a Dios y al prójimo. Si guardamos los mandamientos y creemos firmemente en su Único Hijo Jesucristo, Dios permanecerá en nosotros. San Juan hoy nos pide que nos amemos los unos a los otros. Si seguimos fielmente a Cristo, no solamente lo diremos de palabra sino que mostraremos con hechos que somos hijas e hijos de Dios Padre. Cristo nos ha afirmado que lo somos. Al ser bautizados, los cristianos adquirimos el derecho y el poder de ser parte de la viña del Señor. Y es a través de la fe, la oración en comunidad, el culto y la palabra que encontramos una nueva vida que nos ayudará a unirnos más estrechamente a Cristo y a su Iglesia.

Hermanas y hermanos, luchemos con ahínco por conquistar el Reino de los Cielos. Tengamos la certeza que, si somos fieles al seguimiento de Cristo, conseguiremos llevar una vida conforme a su amor. Debemos hacer siempre la voluntad de Dios. Liberémonos de todo lo que sea un impedimento para conseguir la unión con Él y demostremos, con hechos, que somos verdaderamente cristianos.

Fifth Sunday of Easter
Cycle B Book 1
Readings: 1) Acts 9:26-31 2) 1 John 3:18-24 3) John 15:1-8

In the Gospel Reading, Christ calls Himself the vine. The Church is the field of God where the grapevine grows and we are the branches. The Lord assures us that if we remain united to Him we will give abundant fruit. However, if one of the branches dries out because it is not receiving the sap, in other words the grace of the Holy Spirit that strengthens it, the winegrower, who is God, will cut it off and throw it into the flames. If we remain joined to Him, being fed by the word and by prayer, if we receive spiritual food in the Holy Eucharist, we will be strengthened and will give abundant fruit.

The Lord assures us that even though we give fruit, we will be pruned, so that we can give more fruit. This we understand very well. We have gone through this on many occasions. We have noted that when we remain united to Him, He transforms us into different persons and we begin to give fruit in abundance. Sometimes we have gone through a low point in life due to poor health, problems in the family or other reasons. These are trials from God that we go through as we are being pruned. He wants to test our spiritual strength to see if His grace flows inside our souls.

The People of Israel, the people that the Lord chose, are frequently compared in the Old Testament with the vineyard of God. During the first centuries after they had come to know God, the members of that community considered that their most important task was to live in accordance with His commandments. But, little by little, the religious authorities began to create many more laws to follow, and they were very strict.

When Jesus Christ came to the world, He radically changed the image of the vine and the branches that the Hebrew people used to describe their relationship with God. Jesus shows us that the basis for the Ten Commandments is love of God and of our neighbor. And that, even though we continue to have the obligation to obey God's commandments, it is no longer necessary to follow the old laws of the Old Testament that were created by human beings. Christ, during his earthly life, made known to us the Father and, with His death, He showed us the great love that He has for all of humanity.

Saint John, in the Second Reading, warns us not to show our love in words alone, that we should show, through actions and good works, our love of God and of our neighbor. If we obey the commandments and firmly believe in His Only Son, Jesus Christ, God will abide in us. Saint John today asks us to love each other. If we follow Christ faithfully, we will not only say so in words but we will show with our actions that we are daughters and sons of God the Father. Christ has said that that is who we are. When we were baptized, we Christians acquired the right and the power to be part of the vine that is the Lord. And through faith, prayer in community, the liturgy and the word, we encounter a new life that will help us to become more united to Christ and His Church.

Sisters and brothers, let us struggle energetically to conquer the Kingdom of Heaven. Let us be sure that, if we are faithful in our following of Christ, we will be able to live a life that is in line with His love. We should always do the will of God. Let us free ourselves of everything that can be an impediment to reaching union with Him and let us show, with actions, that we are true Christians.

Sexto Domingo de Pascua
Ciclo B Tomo 1
Lecturas: 1) Hechos 10, 25-26. 34-35. 44-48 2) 1 Juan 4, 7-10 3) Juan 15, 9-17

Las lecturas de este domingo nos hablan del amor. Jesús, cuando había llegado la hora de irse de este mundo y regresar al Padre, dijo a sus discípulos, "Este es mi mandamiento: que os améis los unos a los otros como yo os he amado". Hay personas que les cuesta hacerse a la idea de este amor del que habla el Señor. Sabemos que en el mundo hay varias clases de amor. Pero el amor de Cristo es único y especial, y, para muchos, imposible de entender. Porque personas sin fe, personas sin seguimiento a Jesús, ¿cómo pueden entender que alguien dé la vida cómo la dio Él? Es más, no la dio solamente por un familiar, por amigos ó por sus seguidores. También la dio por sus enemigos, por los que Él sabía que le iban a ofender, y hasta por los que le iban a clavar en la Cruz. Cristo nos ama profundamente. Su amor es leal y desinteresado.

En el Evangelio, dice el Señor, "Si guardáis mis mandamientos, permaneceréis en mi amor". Nos recuerda que Él mismo, siendo Dios, guardó los mandamientos del Padre y permaneció en su amor. Nos advierte que si queremos ser sus amigos tendremos que hacer lo mismo que hizo Él. Y nos deja ver algo que muchas personas no ven ó no comprenden. Suelen decir, "Yo rezo. Voy a la Iglesia. Pido cosas a Dios. Pero no obtengo respuesta". A estas personas les aconsejo que examinen su vida. Quizás no están pidiendo a Dios correctamente. Quizás les cuesta seguir los mandamientos. Y si no siguen los mandamientos, no pueden esperar que Dios les dé su ayuda y una respuesta positiva a sus oraciones. Bien claro nos lo dice Jesús en el Evangelio que todo lo que pidamos al Padre en su nombre, se nos concederá, si nos conviene, claro. Pero para eso tenemos que amar a Dios y al hermano, como nos lo pide Él. Y, además, tenemos que cumplir la ley entera.

Si leemos las Escrituras, veremos cómo se comportaba el Señor durante los años de su vida pública. Iba dando comprensión, tolerancia y amor, olvidándose incluso de Él mismo, por el bien de los demás. A veces su cansancio era agotador. Predicaba la palabra, curaba enfermos, escuchaba y atendía a todos. Daba una entrega total. Y esa misma entrega es la que nos pide a nosotros. Quiere que le amemos primeramente a Él y después los unos a los otros. Y no solamente a nuestros amigos ó a nuestra familia, nos pide que nos amemos unos a otros, en general, que amemos incluso a personas que nos están haciendo daño. Y que oremos por ellas.

En nuestra sociedad, la palabra "amor" la encontramos por doquier. Se repite hasta la saciedad. Y, sobre todo, se habla del amor al prójimo. Y se repite sin descanso, "hay que ayudar al prójimo". Muchas veces nos preguntamos, "¿Y si hay tanto amor y tanta ansia de ayudar, porque sentimos tan poco amor y comprensión en las personas con las que nos cruzamos cada día, en las que están cerca de nosotros y con las que convivimos?". Lo que ocurre es que se ha tergiversado la ayuda al prójimo. No se necesita hacerlo en gran escala, ni desplazarse grandes distancias. Si se quiere hacer caridad se puede hacer a la vuelta de la esquina. Cuando se ve una necesidad, no hay que dejar pasar la ocasión. Si alguien demanda ayuda, aunque haya prisa e incluso cansancio, hay que escucharle y ayudarle. Tenemos la obligación de ser amables, serviciales y desinteresados, con nuestra familia, en el trabajo, en nuestra parroquia. Amar al prójimo es ir cubriendo necesidades dentro de las posibilidades de cada uno, acogiendo a todos por igual sin distinción de color, raza, posición - sin creernos superiores y sin discriminar. Si se ayuda al hermano, debe hacerse con caridad, como si la ayuda nos la daban a nosotros. Hay que ir haciendo justicia y defendiendo a los débiles. Y, sobre todo, socorriendo a los que tenemos más cerca.

Sixth Sunday of Easter
Cycle B Book 1
Readings: 1) Acts 10:25-26, 34-35, 44-48 2) 1 John 4:7-10 3) John 15:9-17

The Readings this Sunday talk to us of love. Jesus, when the hour in which He would leave this world and return to the Father had arrived, said to His disciples, "This is my commandment: that you love each other as I have loved you." There are people who have problems conceptualizing the idea of this love of which the Lord speaks. We know that in the world there are various kinds of love. But the love of Christ is unique and special, and, for many, impossible to understand. Because people without faith, people who do not follow Jesus, how can they understand that someone would give His life as He did? What's more, He did not give it solely for a family member, for friends or for His followers. He also gave it for His enemies, for those who He knew would offend Him, and even for those who would nail Him to the Cross. Christ loves us deeply. His love is loyal and unselfish.

In the Gospel Reading, the Lord says, "If you keep my commandments, you remain in my love." He reminds us that He, being God, kept the commandments of His Father and remained in His love. He warns us that if we want to be His friends we have to do as He did. And He shows us something that many people do not see or comprehend. They usually say, "I pray. I go to Church. I pray to God for things. But I receive no answer." To these people I would say that they should examine their lives. Maybe they are not praying to God correctly. Maybe they have problems obeying the commandments. And if they do not obey the commandments, they cannot expect God to help them and give them a positive response to their prayers. Clearly Jesus tells us in the Gospel Reading that everything that we ask of the Father in His name will be given to us, if it is something that is good for us, of course. But for that to happen we have to love God and our neighbor, as He asks us to do. And, moreover, we have to comply with the fullness of the law.

If we read Scripture, we will see how the Lord acted during the years of His public life. He went around giving comprehension, tolerance and love, even forgetting about Himself, for the good of others. Sometimes He was terribly tired. He preached the word, cured the sick, listened and attended to everyone. He gave of Himself totally. And that same generous attitude is what He asks of us. He wants us to love Him first of all and, afterwards, one another. And not only our friends or our family, He asks us to love one another, in general, that we love even those people who harm us. And that we pray for them.

In our society the word "love' is found everywhere. It is repeated *ad nauseum*. And, above all, love of neighbor is talked about. And "our neighbor has to be helped" is said repeatedly. Many times we ask ourselves, "If there is so much love and so much yearning to help, why do we feel such little love and comprehension in the people that we come across every day, in those who are near us and with whom we live?" What happens is that helping our neighbor has been distorted. We do not need to do it on a grand scale, nor do we have to travel great distances. If there is a need to do charitable works they can been done just around the corner. When a need is seen, the opportunity should not be passed up. If someone is in need of help, even if we are in a hurry or even if we are tired, we must listen to him or her and help. We have an obligation to be kind, helpful and generous, with our family, at work and in our parish. Love of neighbor is covering the needs of others within our possibilities, welcoming others equally without regard for color, race or social position - without believing that we are superior and without discriminating. If we help a neighbor, it should be done charitably, as if we were helping ourselves. We need to go about doing justice and defending the weak. And, above all, aiding those we have closest to us.

Séptimo Domingo de Pascua
Ciclo B Tomo 1
Lecturas: 1) Hechos 1, 15-17. 20a. 20c-26 2) 1 Juan 4, 11-16 3) Juan 17, 11b-19

Este es el último domingo de la temporada pascual. El próximo domingo, Dios mediante, celebraremos la venida del Espíritu Santo sobre el colegio apostólico, lo que conocemos como Domingo de Pentecostés. Durante los domingos de pascua, la Iglesia nos ha estado recordando los primeros días de la comunidad Cristiana. Después de presenciar la Ascensión de Nuestro Señor Jesucristo al cielo, la Virgen María y los Apóstoles se reunieron con los demás discípulos y durante nueve días consecutivos se mantuvieron unidos en oración.

Los católicos, los que defendemos y amamos la única Iglesia que Cristo fundó, somos los descendientes espirituales del primer grupo que Cristo eligió, preparó y fortaleció. Recordando este hecho, debemos meditar sobre la importancia que tuvo la oración para ellos y cuanto la necesitamos nosotros. Hoy, especialmente, debemos orar por la unidad de la comunidad cristiana.

La unidad es un don de Dios estrechamente vinculado a la oración. En el Evangelio, San Juan nos presenta la bella oración que Nuestro Señor hizo durante la Última Cena. Dijo, "Padre Santo, cuida en tu nombre a los que me has dado, para que sean uno, como nosotros". Estaba orando por la unidad de sus discípulos. Había llegado la hora de pasar de este mundo al Padre. Y sabía muy bien que sus seguidores, después de su Ascensión al Cielo, se iban a quedar solos, tristes y preocupados hasta que Él les enviara el Espíritu Santo. Claro, que también sabía que cuando recibieran la gracia del Espíritu Santo, recibirían la fuerza necesaria para poder mantenerse fieles a Él y a su Iglesia. Y sabemos muy bien que eso fue lo que ocurrió.

La Primera Lectura dice que entre la Ascensión del Señor al Cielo y el Domingo de Pentecostés, Pedro pensó que había que buscar un substituto para llenar el puesto vacío que había dejado Judas Iscariote. Como jefe indiscutible de la Iglesia primitiva, Pedro reunió a todos los miembros de la comunidad. Juntos en oración, pidieron al Espíritu Santo que les iluminara y les dejara ver quien debía ser elegido. Esto nos enseña claramente la importancia que para ellos tenía la oración. Propusieron dos nombres. Uno era José el Justo, el otro Matías. Entonces oraron, "Señor, tu penetras el corazón de todos; muéstranos a cuál de los dos has elegido".

El elegido fue Matías y lo incorporaron al grupo de los apóstoles. Esta lectura nos enseña que para hacer cualquier decisión, pequeña ó grande, en nuestras vidas, lo primero que tenemos que hacer es pedir ayuda a Dios. Él conoce, mucho mejor que nosotros, lo que nos conviene. Imitemos a los Apóstoles y hagamos lo que hicieron ellos: dejar todo en manos de Dios. De no ser así, nos dejaremos caer en el desaliento e incluso en la desesperación. Solo Dios dispone nuestro futuro. Solo Dios sabe lo que tiene preparado para nosotros y lo que nos conviene. Y lo mismo que los apóstoles hicieron en aquella ocasión, tenemos que hacer nosotros.

Cristo desea que todas las iglesias se unan en una sola, en la Iglesia que Él fundó. Como cristianos, también deseamos la unidad Cristiana. Para muchos, esto puede ser solamente un sueño deseado. Los cristianos debemos seguir intentando llegar a esa unidad y no desanimarnos. Todos tenemos que poner lo máximo de nuestra parte, sin pensar que es deber de otros reunir y juntar a los hermanos separados. En esta tarea, nuestra oración será esencial, será de gran ayuda.

Seventh Sunday of Easter
Cycle B Book 1
Readings: 1) Acts 1:15-17, 20a, 20c-26 2) 1 John 4:11-16 3) John 17:11b-19

This is the last Sunday of the Easter Season. Next Sunday, God willing, we will celebrate the coming of the Holy Spirit upon the group of the apostles, a day we know as Pentecost Sunday. During the Sundays of Easter, the Church has been recalling for us the first days of the Christian community. After witnessing the Ascension of Our Lord, Jesus Christ, into heaven, the Virgin Mary and the apostles met with the other disciples and during nine consecutive days they remained united in prayer.

We Catholics, those of us who defend and love the one Church that Christ founded, are the spiritual descendants of the first group that Christ chose, prepared and strengthened. Remembering this fact, we should meditate on the importance that prayer had for them and how much we need it. Today especially, we should pray for the unity of the Christian community.

Unity is a gift of God that is closely linked to prayer. In the Gospel Reading, Saint John shows us the beautiful prayer of Our Lord during the Last Supper. He said, "Father, protect in your name those whom you have given to me, so that they may be one, as we are." He was praying for the unity of His disciples. The hour had come to leave this world and go to the Father. And He knew very well that His followers, after His Ascension into Heaven, would be alone, sad and worried until He sent them the Holy Spirit. Of course, He also knew that when they received the grace of the Holy Spirit they would receive the necessary strength to be able to remain faithful to Him and to His Church. And we know very well that that is what happened.

The First Reading says that between the Ascension of the Lord into Heaven and Pentecost Sunday, Peter thought that they needed to look for a substitute for the vacancy that Judas Iscariot had left. As indisputable head of the early Church, Peter assembled all of the members of the community. United in prayer, they asked the Holy Spirit to enlighten them and let them see who should be elected. This shows us clearly the importance that prayer had for them. Two names were proposed. One of them was Joseph the Just and the other Matthias. They then prayed, "Lord, you penetrate the hearts of all, show us which one of the two should be chosen."

The chosen one was Matthias and he was incorporated into the group of the apostles. This Reading shows us that in order for any decision, small or great, in our lives to be made; we should first ask God for help. He knows, much better than we do, what is good for us. Let us imitate the apostles and do as they did: leave things in God's hands. If we don't, we will soon be discouraged and even desperate. Only God disposes of our future. Only God knows what he has prepared for us and what is good for us. And as the apostles did on that occasion, we must do.

Christ wants all of the churches to be united in one, the Church that He founded. As Christians, we also want to see Christian unity. For many, this can seem to be only a dream. We Christians should continue to strive for unity and not be disheartened. All of us have to try our hardest, we must not think that it is someone else's duty to unite and bring together the separated brothers. In this task, our prayers are essential and will be of great help.

Domingo de Pentecostés
Ciclo B Tomo 1
Esta homilía se puede usar en cualquier Misa del Domingo de Pentecostés

Este Domingo de Pentecostés estamos celebrando un hecho que es, a la vez, milagroso y maravilloso. Es un día de gozo para todos los católicos. El amor de Dios ha sido derramado sobre nuestra Iglesia y sobre nosotros, llenándonos de Espíritu Santo. Por eso estamos celebrando este día con gran solemnidad. Es una fiesta grande e importante.

Desde la Ascensión de Nuestro Señor al cielo hasta el Domingo de Pentecostés transcurrieron nueve días. Tal día como hoy, estando los apóstoles reunidos en el Cenáculo, de improviso vino un ruido fuerte como de un viento huracanado. Fue la manera que el Espíritu Santo hizo notar su presencia. Desde los tiempos del Antiguo Testamento, Dios siempre se ha manifestado a través de los elementos naturales, como el viento ó el fuego.

El Espíritu Santo llenó a los apóstoles, y también a la Santísima Virgen María, de sus dones y su gracia. Sabemos que a nosotros también se nos puede presentar el Espíritu Santo en cualquier momento y de diferentes maneras. La Iglesia experimenta constantemente esa misma presencia. Él la protege, la conserva, la santifica y la fortalece. Él mantiene a la Iglesia triunfante a pesar de las persecuciones y calumnias que han surgido a través de más de veinte siglos de historia. La Iglesia Católica siempre ha sido, sigue siendo, y siempre será obra del Espíritu Santo. Notamos esa presencia cuando en la Iglesia hay respeto, unidad y ayuda mutua.

Pentecostés, cincuenta días después de la Pascua, era una de las principales fiestas judías. Si les era posible, los judíos que vivían fuera de Tierra Santa iban cada año en peregrinación a Jerusalén. Y con gran júbilo se reunían allí. El día de Pentecostés nació nuestra Iglesia. La Iglesia Católica fue fundada por Nuestro Señor, Jesucristo. No es una construcción humana como las sectas que hoy en día abundan por doquier. No es obra de seres humanos que, en un momento determinado, decidieron formar una iglesia. La Iglesia Católica es obra de Dios. Y, como dijo el Concilio Vaticano Segundo, "Solamente por medio de la Iglesia católica de Cristo, que es auxilio general de la salvación, puede conseguirse la plenitud total de los medios salvíficos" (*Unitatis redintegratio* 3).

El acontecimiento de Pentecostés fue algo milagroso y único. Con la venida del Espíritu Santo, los apóstoles se llenaron de valentía, sabiduría y fuerza. Pedro y los demás apóstoles, empujados por el Espíritu, comenzaron a pregonar la palabra, a esparcirla con fuerza y decisión. Y no solamente a los apóstoles les ha dado todos estos dones. El Espíritu hace surgir constantemente mujeres y hombres santos que son la sangre nueva y vivificante de la Iglesia. De esta forma, nuestra Iglesia siempre se envejece y siempre se rejuvenece.

Nuestra Iglesia nos reafirma a los creyentes, el bautismo de fuego que recibieron los Apóstoles y que se prolonga en nosotros. Seguimos comprobando día a día que nuestra Iglesia, a través de la Sagrada Escritura, la Sagrada Eucaristía y los dones que derrama el Espíritu Santo, nos reúne y vivifica, convirtiéndonos en una sola familia humana. Sintámonos afortunados, sabiendo que la gracia del Espíritu Santo llega a todos los miembros de nuestra Iglesia, aunque cada uno la recibe de diferente manera. El Espíritu existe a la vez en la Iglesia en general y en cada miembro en particular. Y hace, de esta forma, que el Cuerpo de Cristo se desarrolle en armonía.

Pentecost Sunday

This Homily may be used for any Mass on Pentecost Sunday

This Pentecost Sunday we are celebrating an event that is, at the same time, miraculous and marvelous. It is a day of joy for all Catholics. The love of God has been poured out on our Church and on us, filling us with the Holy Spirit. That is why we are celebrating this day with great solemnity. It is a great and important feast.

From the Ascension of Our Lord into heaven until Pentecost Day nine days went by. On a day like today, while the apostles were gathered together in the Cenacle, they suddenly heard a loud noise like a hurricane wind. That was the way that the Holy Spirit made His presence known. From the time of the Old Testament, God has always manifested Himself through natural elements, such as wind or fire.

The Holy Spirit filled the apostles, and the Most Blessed Virgin Mary, with His gifts and His grace. We know that the Holy Spirit can also show Himself to us at any time and in different ways. The Church constantly experiences that same presence. He protects her, conserves her, sanctifies her and strengthens her. He keeps the Church triumphant in spite of the persecutions and calumnies that have arisen throughout more than twenty centuries of history. The Catholic Church has always been, continues to be and will always be a work of the Holy Spirit. We feel that presence when in the Church there is respect, unity and mutual aid.

Pentecost, fifty days after Passover, was one of the principal Jewish feasts. If it was possible, the Jews who lived outside of the Holy Land gathered together every year in pilgrimage and with great joy in Jerusalem. On Pentecost Day our Church was born. The Catholic Church was founded by Our Lord, Jesus Christ. It is not a human construct as are the sects that today abound everywhere. It is not a work of human beings who, at a certain moment in time, decided to found a church. The Catholic Church is a work of God. And, as the Second Vatican Council said, "only through Christ's Catholic Church, which is the all-embracing means of salvation, can anyone obtain the fullness of the means of salvation." (*Unitatis redintegratio* 3)

The Pentecost event was miraculous and unique. With the coming of the Holy Spirit, the apostles were filled with courage, knowledge and strength. Peter and the other apostles, impelled by the Holy Spirit, began to preach the word, sowing it with strength and decision. And not only to the apostles did He give all of these gifts. The Spirit constantly causes to holy women and men, who are the new and reinvigorating blood of the Church, to come forth. In this way, our Church is ever ancient and ever renewing.

Our Church reaffirms to us believers, the baptism of fire that the apostles received and that is kept alive in us. We continue to experience, day after day, that our Church, through Holy Scripture, the Holy Eucharist and the gifts that the Holy Spirit showers down on her, unites us and gives us life, making us into one human family. We feel fortunate, knowing that the grace of the Holy Spirit reaches all the members of our Church, even though it is received by each one in a different way. The Spirit exists, at the same time, in the Church in general and in each member in particular. Thus He ensures that the Body of Christ develops in harmony.

La Solemnidad de la Santísima Trinidad
Ciclo B Tomo 1
Lecturas: 1) Deuteronomio 4, 32-34. 39-40 2) Romanos 8, 14-17 3) Mateo 28, 16-20

Nuestra Iglesia Católica celebra este domingo, la Solemnidad de la Santísima Trinidad: Padre, Hijo y Espíritu Santo, Tres Personas en un solo Dios. Hoy es uno de los días más grandes del año litúrgico. Lo que estamos conmemorando es el misterio más importante de nuestra fe. Es la fuente de todos los otros misterios de la vida cristiana. El Catecismo de la Iglesia Católica dice que, "Es la enseñanza más fundamental y esencial" en la jerarquía de las verdades de fe (CIC 234).

Esta solemnidad se estableció para el mundo occidental en el año 1334 por el Papa Juan XXII. En aquella fecha se fijó para que fuera celebrada el domingo después de Pentecostés. El misterio del día de hoy, la Santísima Trinidad, es un enigma que a todos nos hace meditar y nos cuesta profundizar.

La Trinidad es un misterio de fe en el sentido estricto. Es uno de los misterios escondidos de Dios. Y, como seres humanos, no podemos profundizar en él si no es por la fe y pidiendo ayuda al Espíritu Santo. Meditando en la Santa Biblia podremos ver que Dios dejó huellas de su ser Trinitario en la creación y en su revelación. Pero llegar a penetrar, y mucho menos entender, la intimidad de su ser como Trinidad Santa, es un misterio inaccesible para la inteligencia limitada de los seres humanos. Por eso Dios fue revelando lentamente, a través de los siglos, su verdadera naturaleza. Nuestra religión cristiana tiene algunos misterios que a nuestras mentes les resulta muy difícil penetrar en ellos. Pero, a pesar de eso, no tenemos más remedio que creer simplemente porque Dios lo ha revelado. Y sabemos que Dios no puede engañar ni ser engañado.

La fe Católica está basada en un Dios Trino que es Uno. Al ser bautizados en el nombre del Padre, del Hijo y del Espíritu Santo, somos llamados a participar en la vida de la Santísima Trinidad aquí en la tierra. Las Tres Personas de la Santísima Trinidad son distintas. El Padre no es el Hijo ni el Espíritu Santo. Y el Hijo y el Espíritu Santo se distinguen entre sí. Pero las Tres tienen la misma naturaleza divina, la misma grandeza, la misma bondad y la misma santidad. Lo que hace una de las Personas de la Santísima Trinidad, lo hacen las Tres. Pero, a través de la historia, la Iglesia ha observado que algunas actividades son más apropiadas a una Persona que a otra. La creación es más apropiada al Padre, la redención al Hijo y la santificación al Espíritu Santo. Pero ninguna de las Tres Personas tiene más poder que las otras. Tienen la misma divinidad, el mismo poder y la misma sabiduría. Aunque he tratado de explicar un poco como es la Santísima Trinidad, creo que podemos llegar a la conclusión de que este misterio es demasiado profundo.

Hermanas y hermanos, la fe no es obra de la mente sino del corazón. Y el misterio de la Santísima Trinidad no es cuestión de conocimiento sino de fe. Jesucristo nos reveló la existencia del Dios Trino y Uno. Oraba constantemente a Dios Padre y prometió enviar el Espíritu Santo a su Iglesia para santificarla con la gracia de Dios. Antes de ascender al cielo, les dijo a sus Apóstoles que debían ir por el mundo evangelizando y bautizando en el nombre del Padre, del Hijo y del Espíritu Santo. Cada cristiano es bautizado en el nombre de la Santísima Trinidad. Y cuando ese cristiano termine su vida y deje esta tierra, si ha procurado durante su vida estar cerca de la Santísima Trinidad, encontrará en el cielo al Dios Trino y Uno y morará para siempre en su presencia.

The Solemnity of the Most Holy Trinity
Cycle B Book 1
Readings: 1) Deuteronomy 4:32-34, 39-40 2) Romans 8:14-17 3) Matthew 28:16-20

Our Church celebrates this Sunday, the Solemnity of the Most Holy Trinity: Father, Son and Holy Spirit, Three Persons in one God. Today is one of the greatest days of the liturgical year. What we are commemorating is the most important mystery of our faith. It is the source of all of the other mysteries in Christian life. The Catechism of the Catholic Church says that it is, "the most fundamental and essential teaching" in the hierarchy of the truths of the faith (CCC 234).

This solemnity was established in the western world in 1334 by Pope John XXII. On that date, it was decided that it would be celebrated on the Sunday after Pentecost. The mystery we celebrate today, the Most Holy Trinity, is an enigma that makes all of us meditate and it is difficult to study in depth.

The Trinity is a mystery in the strictest sense. It is one of the hidden mysteries of God. And, as human beings, only though faith and asking God for help, can we study it in depth. Meditating on the Holy Bible, we can see that God left the footprints of His Trinitarian being on creation and in His revelation. But to penetrate, much less understand the intimacy of His being as the Holy Trinity is an inaccessible mystery for our limited human intelligence. That is why God revealed slowly, through the centuries, His true nature. Our Christian religion contains many mysteries that our minds find very difficult to understand. But, in spite of that, we can do nothing else but believe in them simply because God has revealed them. And we know that God can neither deceive nor be deceived.

The Catholic faith is based on a Trinitarian God who is One. When we were baptized in the name of the Father, and of the Son, and of the Holy Spirit, we were called to participate in the life of the Most Holy Trinity here on earth. The Three Persons are distinct. The Father is not the Son or the Holy Spirit. And the Son and the Holy Spirit are different from one another. But the Three have the same divine nature, the same greatness, the same goodness and the same holiness. What one of the Persons of the Most Holy Trinity does, all Three do. But, throughout history, the Church has observed that some activities are more appropriate for one Person of the Trinity than for another. Creation is more appropriate for the Father, Redemption for the Son and Sanctification for the Holy Spirit. But none of the Three Persons has more power than the others. They have the same divinity, the same power and the same wisdom. Even though I have tried to explain a little bit about who the Holy Trinity is, I think that we can conclude that it is a mystery that is just too profound.

Sisters and brothers, faith is not a work of the mind but of the heart. And the Mystery of the Holy Spirit is not a question of knowledge but of faith. Jesus Christ revealed to us the existence of the Triune God. He prayed constantly to God the Father and He promised to send the Holy Spirit to His Church to sanctify her with the grace of God. Before ascending into heaven, He told the apostles that they should go to all the nations evangelizing and baptizing in the name of the Father, and of the Son, and of the Holy Spirit. Each Christian is baptized in the name of the Most Holy Trinity. And when the life of that Christian ends and he or she leaves this earth, if he or she has tried to live a life close to the Most Holy Trinity, he or she will find in heaven the Triune God and will dwell forever in His presence

La Solemnidad del Cuerpo y la Sangre de Cristo
Ciclo B Tomo 1
Lecturas: 1) Éxodo 24, 3-8 2) Hebreos 9, 11-15 3) Marcos 14, 12-16. 22-26

La gran Solemnidad del Cuerpo y Sangre de Cristo, conocido popularmente como el día de *Corpus Chrisi* que, en latín, quiere decir Cuerpo de Cristo, es celebración de la devoción y el culto a la Presencia Real de Jesucristo en el Santísimo Sacramento. En esta Solemnidad se unen la liturgia y la piedad popular en honor del misterio Eucarístico. Hoy es un día en el que debemos dar gracias a Nuestro Señor de una manera más especial por haberse quedado en el Santísimo Sacramento por nosotros. Celebramos con alegría el tenerlo siempre tan cercano.

Desde hace siglos, la veneración a Jesús Sacramentado se ha expresado en nuestra Iglesia de muchas maneras: en la bendición con el Santísimo, en procesiones, en oraciones ante Jesús Sacramentado y en las genuflexiones que todos debemos hacer ante el Sagrario. Todos estos son verdaderos actos de fe y de adoración. Y entre estas devociones y formas de culto se encuentra la Solemnidad de Corpus Christi que estamos celebrando. Es un acto público que festejamos, dando testimonio de nuestra fe al Santísimo Sacramento. Durante siglos esta fiesta ha sido muy entrañable y querida para el pueblo. Hoy, muchísimos cristianos estarán acompañando a Jesucristo en las solemnes procesiones y festejos populares celebrados en diferentes poblaciones alrededor del mundo.

La Primera Lectura nos muestra los ritos de la Alianza que Dios hizo con el pueblo hebreo en tiempos de Moisés. Después de recibir los Diez Mandamientos, Moisés hizo un sacrificio de comunión, ofreciéndole al Señor holocaustos para sellar la Alianza. Tomó la sangre de los animales inmolados y roció primeramente el altar y después al pueblo, diciendo, "Esta es la sangre de la alianza que hace el Señor con vosotros". De esta forma le mostró a Dios que el pueblo estaba dispuesto a obedecer sus mandamientos. En la Segunda Lectura, el autor de la Carta a los Hebreos dice que Cristo vino al mundo como el Sumo Sacerdote de la Nueva Alianza. Para sellar esa alianza, no usó sangre de machos cabríos ni de becerros, sino su propia sangre. Y dice que la Sangre de Cristo, ofrecida a Dios Padre como sacrificio sin mancha, nos purifica.

El Evangelio nos recuerda lo que Jesús hizo durante lo que hoy conocemos como la Última Cena. Mientras comían, Jesús tomó pan, pronunció la bendición, lo partió y se lo dio a sus discípulos, diciendo "Tomad, esto es mi cuerpo". Después tomó una copa y pronunciando la acción de gracias tradicional judía, dijo, "Esta es mi sangre, sangre de la alianza, derramada por todos". En cada Santa Misa que se ha celebrado desde ese mismo instante, al recibir la Sagrada Comunión, los cristianos comemos el Cuerpo y bebemos la Sangre de Cristo. Nuestro Señor se hace presente de una manera real en el pan y el vino consagrados por el sacerdote. El alimento que nos da la Eucaristía es el único alimento que puede fortalecer nuestras almas. Si no nos alimentamos de él, nos iremos debilitando espiritualmente, lo mismo que le pasa al cuerpo físico si no recibe comida. Recordemos que en una ocasión, el Señor les dijo a los judíos, "Os aseguro que si no coméis la carne del Hijo del hombre y no bebéis su sangre no tendréis vida en vosotros" (Juan 6, 53).

Hermanas y hermanos, la vida tiene muchísimos contratiempos. En la Sagrada Eucaristía encontramos el sustento que necesitamos para afrontar mejor los problemas diarios que nos trae la vida. Precisamente por eso el Papa Juan Pablo II dijo: "La Iglesia y el mundo tienen una gran necesidad del culto eucarístico. Jesús nos espera en este sacramento del amor. No escatimemos tiempo para ir a encontrarlo en la adoración, en la contemplación llena de fe y abierta a reparar las faltas graves y delitos del mundo. No cese nunca nuestra adoración" (*Dominica cenae,* 3).

Solemnity of the Body and Blood of Christ
Cycle B Book 1
Readings: 1) Exodus 24:3-8 2) Hebrews 9:11-15 3) Mark 14:12-16, 22-26

The great Solemnity of the Body and Blood of Christ, popularly known as *Corpus Christi* which, in Latin, means Body of Christ, is a celebration of the devotion and the worship of the Real Presence of Jesus Christ in the Most Blessed Sacrament. In this Solemnity, liturgy and popular piety are united in honor of the Eucharistic mystery. Today we should give thanks to Our Lord in a special way for having remained in the Blessed Sacrament for us. We celebrate with joy having Him always so close.

For many centuries, the veneration of Jesus in the Sacrament has been expressed in our Church in many ways: in benediction with the Blessed Sacrament, in processions, in prayers before Jesus in the Blessed Sacrament, and in the genuflections that we should all make before the Tabernacle. All of these are true acts of faith and adoration. And among these devotions and forms of worship is found the Solemnity of Corpus Christi that we are celebrating. It is a public act that we celebrate, giving testimony of our faith in the Most Blessed Sacrament. For centuries this feast has been very dearly loved by the people. Today, many Christians will be accompanying Jesus Christ in solemn processions and popular celebrations in different places around the world.

The First Reading shows us the rites of the Covenant that God made with the Hebrew people in Moses' time. After receiving the Ten Commandments, Moses offered up a sacrifice of communion, offering to the Lord holocausts to seal the covenant. He took the blood of the animals sacrificed and sprinkled first the altar and then the people saying, "This is the blood of the alliance that God has made with you." In this way he showed God that the people were prepared to obey His commandments. In the Second Reading, the author of the Letter to the Hebrews tells us that Christ came to the world as the High Priest of the New Covenant. To seal the covenant, He did not use the blood of rams or heifers, He used His own blood. And he tells us that the Blood of Christ, offered to God the Father as a sacrifice without blemish, purifies us.

The Gospel Reading reminds us of what Jesus did during what today we know as the Last Supper. While they ate, Jesus took bread, pronounced the blessing, broke it and gave it to His disciples, saying, "Take it, this is my body." Afterwards He took the cup and saying the traditional Jewish thanksgiving prayer, He said, "This is my blood, the blood of the covenant, shed for all." In each Holy Mass that is celebrated from that moment on, when Holy Communion is received, we Christians eat the Body and drink the Blood of Christ. Our Lord makes Himself present in a real way in the bread and wine consecrated by the priest. The food that the Eucharist gives us is the only food that can strengthen our souls. If we do not eat it, we will become spiritually weaker, just like what happens to the physical body that does not take in food. Let us remember that on one occasion, the Lord said to the Jews, "I assure you that if you do not eat the flesh of the Son of Man and do not drink his blood you will not have life in you". (John 6:53).

Brothers and sisters, life brings many difficulties. In the Holy Eucharist we find the sustenance that we need to better face the daily problems that life brings. Just for that reason Pope John Paul II said: "The Church and the world have a great need for Eucharistic worship. Jesus awaits us in this sacrament of love. Let us not refuse the time to go to meet him in adoration, in contemplation full of faith, and open to making amends for the serious offenses and crimes of the world. Let our adoration never cease." (*Dominica cenae,* 3)

Décimo Domingo del Tiempo Ordinario
Ciclo B Tomo 1
Lecturas: 1) Génesis 3, 9-15 2) 2 Corintios 4, 13 – 5, 1 3) Marcos 3, 20-35

Nos dice el Evangelio que volvió Jesús a casa con sus discípulos y se juntó, de nuevo, tanta gente que no le dejaban ni comer. Jesús había pasado muchas veces por calles y plazas de muchas ciudades alrededor del Lago de Genesaret. En aquellos lugares realizó incontables milagros, echó demonios y derramó muchas bendiciones sobre los habitantes de la comarca. Así que cuando se enteraron que estaba en casa todos querían acercarse a Él.

Pero no todos los que se acercaban a donde estaba Jesús llevaban buenas intenciones. Entre la muchedumbre se encontraban unos letrados llegados de Jerusalén. Le acusaban de estar poseído por Belcebú diciendo, "expulsa a los demonios con el poder del jefe de los demonios". Estas personas odiaban a Jesús. Consideraban que ellos eran los expertos en temas de religión. Pero lo que en el fondo les molestaba es que veían en Él un poder y una sabiduría que ellos no podían comprender ni igualar. Estaban bien envidiosos de Él. Se sentían amenazados y a la defensiva. Por eso no podían reconocer sus buenas obras, su bondad y todo el bien que iba haciendo por los demás. Preferían atacarle con críticas. En una palabra, lo que envidiaban de Él eran sus poderes. Lo mismo en aquellos tiempos que en estos, siempre hay y siempre habrá personas que tergiversan la bondad por la maldad.

Cuando Jesús escuchó a los letrados no se alteró. Reaccionó como hacía siempre, con calma. Los invitó a acercarse y les hizo una pregunta: "¿Cómo va a echar Satanás a Satanás?" Cualquier mente que no esté enferma de ansia de poder ó soberbia comprenderá claramente la respuesta que dio Jesús. Sabemos que el demonio no puede hacer obras buenas. No puede curar enfermos y, mucho menos, echar demonios. Atribuir aquellas obras que hacía el Señor a Satanás, el príncipe de los demonios, es blasfemar contra Dios, el verdadero autor de las buenas obras.

La humanidad está amenazada por el poder del Maligno, de Satanás. Y hay incluso algunos, que cuando pecan, dicen que el Demonio fue el culpable. Se disculpan a ellos mismos, sin querer reconocer que cada uno es responsable de sus propias acciones. La Primera Lectura nos muestra que así fue como reaccionaron Adán y Eva cuando cayeron en pecado. En vez de admitir que habían pecado, se quisieron disculpar. Adán echó la culpa a su mujer y Eva dijo, "la serpiente me engañó y comí". Esto de echar la culpa a otros es muy común pero no es válido ni sirve ante Dios. Satanás anda por el mundo intentando coger a todo el que se le ponga a tiro. Por eso es tan importante huir de las ocasiones que nos pueden hacer caer y dejar que el Maligno se salga con la suya. Dios nos ha dado el don de poder escoger entre el bien y el mal. Jesús venció al diablo en muchas ocasiones. Y nosotros también podemos vencerlo con su ayuda.

A veces, cuando vemos que hemos caído en pecado, nos desanimamos, sobre todo, cuando vemos lo fácil que le resulta a Satanás cogernos. Pero está claro que esta actitud no nos ayudará. Tenemos que seguir adelante caminando hacia Dios. Si creemos en la Resurrección de Cristo, tenemos la certeza de que un día participaremos de su triunfo sobre la muerte y sobre el pecado. En la Segunda Lectura, San Pablo les dice a los Corintios que nuestra esperanza, como cristianos, es saber que si sorteamos lo malo que iremos encontrando a nuestro paso, si somos fieles a Dios, al morir, cuando el edificio de nuestro cuerpo quede destruido, "tenemos un sólido edificio construido por Dios, una casa que no ha sido levantada por mano de hombre y que tiene una duración eterna para siempre en los cielos".

Tenth Sunday of Ordinary Time
Cycle B Book 1
Readings: 1) Genesis 3:9-15 2) 2 Corinthians 4:13 – 5:1 3) Mark 3:20-35

The Gospel Reading tells us that Jesus returned home with His disciples and that so many people gathered together there, once again, that He could not even eat. Jesus had traveled many times along the streets and plazas of many cities surrounding Lake Genesaret. In those places, He had performed countless miracles, cast out demons and spread many blessings among the inhabitants of the region. So, when they found out that He was home, everyone wanted to draw near to Him.

But not all of those who approached the place where Jesus was had good intentions. In the crowd, there were scribes who had come from Jerusalem. They accused Him of being possessed by Beelzebub saying, "He casts out demons by the power of the chief of demons." These people hated Jesus. They considered themselves to be experts in religious matters. But fundamentally, what annoyed them was that they saw in Him a power and a wisdom that they could not comprehend or equal. They were very envious of Him. They felt threatened and they took a defensive stand. Because of this, they could not recognize the good works, the kindness and all of the good that He was doing for others. They preferred to criticize Him. In a word, they were envious of His powers. The same thing that happened then happens now. There always are, and there always will be, people who distort other people's kindness turning it into evil.

When Jesus heard the scribes, He did not get upset. He reacted as He always did, calmly. He invited them to approach Him and asked them, "How can Satan drive out Satan?" Any mind that is not sick with the need for power or with arrogance will clearly comprehend the answer that Jesus gave. We know that the Devil cannot do good works. He does not cure the sick nor, much less, cast out demons. To attribute the things that the Lord did to Satan, the prince of demons, is blasphemy against God, the true author of all good works.

Humanity is threatened by the power of the Evil One, of Satan. And there are even some who when they sin say that the Devil is at fault. They excuse themselves, not wanting to recognize that everyone is responsible for his or her own actions. The First Reading shows us that that was the way that Adam and Eve reacted when they fell into sin. Instead of admitting that they had sinned, they began to make excuses. Adam blamed his woman and Eve said, "The serpent tricked me and I ate." This idea of blaming others is very common but it is not valid nor does it do any good with God. Satan goes about the world trying to trap anyone who places himself or herself in his range. That is why it is so important to flee from the occasions that can cause us to fall and allow the Evil One to do as he wishes. God has given us the gift of being able to choose between right and wrong. Jesus overcame the Devil on many occasions. And we can overcome him also with Jesus help.

Sometimes, when we see that we have fallen into sin, we are discouraged, especially when we see how easy it is for Satan to trap us. But it is clear that this attitude does not help us at all. We have to continue on our path to God. If we believe in the Resurrection of Christ, we are certain that one day we will share in His triumph over death and over sin. In the Second Reading, Saint Paul says to the Corinthians that our hope, as Christians, is in knowing that if we can avoid the evil that we find in our path, if we are faithful to God, when we die, when the earthly dwelling that is our body is destroyed, "we have a solid building built by God, a dwelling not made with human hands and that will endure forever in heaven.".

Undécimo Domingo del Tiempo Ordinario
Ciclo B Tomo 1
Lecturas: 1) Ezequiel 17,22-24 2) 2 Corintios 5, 6-10 3) Marcos 4, 26-34

En el Evangelio hemos observado que Jesús usa dos pequeñas parábolas para explicar a que se parece el reino de Dios. Es muy probable que Jesús utilizara estas parábolas porque Galilea y sus alrededores era un lugar donde había muchos campesinos. Con frecuencia Jesús acoplaba las parábolas que usaba a la manera de vivir de la localidad y a la mentalidad de la gente que venían a escucharle. Con estas parábolas, el Señor hizo varias comparaciones para que aquellas personas pudieran asimilar mejor la enseñanza. Esta manera de enseñar es muy eficaz. Precisamente en aquellos tiempos muchos maestros de la Ley utilizaban comparaciones similares para que sus alumnos entendieran mejor.

San Marcos es el único de los cuatro evangelistas que recoge una de las dos parábolas, la primera. En ella, Jesús explica cómo una semilla echada en la tierra crece y germina con independencia, sin importar si la persona que la ha sembrado vele por ella ó duerma. Jesús fue el que sembró la semilla de la Palabra de Dios. Germinó y creció, primeramente en los apóstoles. Y después se fue extendiendo, generación tras generación, por doquier.

Nuestros antepasados católicos comprobaron cómo la fe iba creciendo. Y nosotros comprobamos que en nuestros días también sigue creciendo y creciendo. Está más que comprobado que en nuestra Iglesia Católica el número de creyentes aumenta de año en año. Y aunque hubo épocas muy difíciles en la historia de nuestra Iglesia, nunca ha dejado de crecer. Cristo prometió que su Iglesia seguiría creciendo y se mantendría fiel hasta el final de los tiempos, cuando Él regrese a recoger la cosecha.

En la segunda parábola, Jesús habla de una de las más pequeñas de las semillas, del grano de mostaza. Al sembrarla, brota y lentamente va creciendo hasta ser un arbusto tan grande que hasta los pájaros pueden anidar en él. Los cristianos sabemos muy bien que nuestra fe se asimila a ese grano de mostaza. Cuando somos bautizados, el Espíritu Santo pone la semilla de la fe en nosotros. Para que crezca y se fortalezca necesitará tiempo. Pero no debemos ser impacientes. Si encontramos un obstáculo en nuestra vida espiritual debemos recordar que Dios mismo, que es el sembrador de la fe, siempre está dispuesto a escucharnos y a ayudarnos.

En la Segunda Lectura, San Pablo les dice a los Corintios y a nosotros también, que siempre deben tener confianza. Nuestra meta, como cristianos, es esforzarnos en hacer llegar, lo antes posible, el día en que el Reino de Dios llegue a su plenitud en este mundo. Sabemos que aún estamos lejos de ese día. Pero debemos insistir en nuestro empeño para hacer que llegue pronto. Nuestra Iglesia Católica, la fuente de nuestra fe, es fuerte y segura, por muy débiles e inseguros que seamos nosotros. Aunque era pequeña y débil cuando Cristo la sembró hace más de dos mil años, ha crecido a ser un arbusto grande. Y en ella se cobija gran parte de la humanidad.

Hermanas y hermanos, tengamos en cuenta que es Dios quien ha esparcido la semilla de nuestra fe Católica. Si encuentra en nosotros buena tierra, germinará y dará fruto, haciéndonos ver que todo lo que nos ofrece el Maligno es engaño y mentira. Todos hemos recibido la gracia para recibir bien la semilla. Si se marchita y muere, no es culpa del sembrador, ni de la semilla, sino de cómo la recibimos.

Eleventh Sunday of Ordinary Time
Cycle B Book 1
Readings: 1) Ezekiel 17:22-24 2) 2 Corinthians 5: 6-10 3) Mark 4:26-34

In the Gospel Reading we observed that Jesus used two short parables to explain what the Kingdom of God is like. It is very probable that Jesus used these parables because Galilee and the surrounding area was a place that was inhabited by many farmers. Frequently, Jesus would match up the parables He used with the way of life of the people in the town He was in and the mentality of the people that had come to listen to Him. With these parables, the Lord made various comparisons so that the people could better assimilate the teaching. This way of teaching is very efficient. It is precisely in those times that many teachers of the Law used similar comparisons so that their students would understand better.

Saint Mark is the only one of the four Evangelists that wrote down one of the two parables, the first one. In it, Jesus explains how a seed that is sown in the earth grows and germinates independently, without caring if the person that planted it is watching over it or sleeping. Jesus was the one who sowed the Word of God. It germinated and grew, first in the apostles. And afterwards it spread out everywhere, generation after generation.

Our Catholic ancestors experienced how the faith continued to grow. And we also experience, in our own days, how it continues to grow and grow. It has been more than proven that our Catholic Church grows in number of believers year after year. And even though there have been very difficult times in the history of our Church, it has never stopped growing. Christ promised that His Church would continue to grow and that she will remain faithful to Him until the end of time, when He will return to gather up the harvest.

In the second parable, Jesus talks about one of the smallest of seeds, of the mustard seed. When it is planted it sprouts and slowly grows until it is a bush so big that birds can build their nests in it. We Christians know very well that our faith is like that mustard seed. When we were baptized, the Holy Spirit planted the seed of faith in us. But in order for it to grow and strengthen time is needed. But we should not be impatient. If we encounter an obstacle in our spiritual life, we should remember that God Himself, who is the sower of faith, is always ready to listen to us and help us.

In the Second Reading, Saint Paul tells the Corinthians and us also, that they should always be confident. Our goal, as Christians, is to strive to make possible the arrival, at the earliest possible moment, of the day in which the Kingdom of God will reach its fullness in this world. We know that that time is still far away. But we should continue to strive to make it arrive soon. Our Catholic Church, the font of our faith, is strong and secure, even though we may be weak and insecure. Even though it was small and weak when Christ planted it 2,000 years ago, it has grown to be a large bush. And in it a great part of humanity seeks shelter.

Sisters and brothers, let us bear in mind who it was who sowed the seed of our Catholic faith. If it encounters in us good soil, it will germinate and give fruit, making us see that everything that the Evil One offers is deception and lies. We have all received the grace to receive the seed well. If it withers and dies, it is not the fault of the sower, nor of the seed, but of how we received it.

Duodécimo Domingo del Tiempo Ordinario
Ciclo B Tomo 1
Lecturas: 1) Job 38, 1. 8-11 2) 2 Corintios 5, 14-17 3) Marcos 4, 35-41

Hemos escuchado en el Evangelio que Jesús decidió irse a la otra orilla del Mar de Galilea. Él y sus discípulos cogieron una barca y, dejando la región judía, navegaron hacia el otro lado, la región pagana. Durante la travesía, el Señor se sintió cansado y se durmió profundamente. Entonces, se levantó un temporal con fuertes vientos y mucho oleaje. Empezó a entrar agua en la barca. Los discípulos luchaban contra el viento huracanado y las olas. Pasaron momentos de verdadero pánico. Mientras todo esto ocurría, el Señor dormía plácidamente. Así que los discípulos, llenos de miedo, decidieron despertarle, diciendo: "¿Maestro, no te importa que nos hundamos?". Al ser despertado, el Señor vio inmediatamente el peligro. Se puso en pie y, con soberanía, dijo al mar, "Silencio, cállate." Y, al instante, todo se calmó.

Jesús se sorprendió cuando vio la poca fe que aún tenían sus discípulos. Y les increpó, diciéndoles, "¿Por qué sois tan cobardes? ¿Aún no tenéis fe?". Los discípulos, completamente confundidos, comentaban entre ellos, "¿Pero quién es este que hasta el viento y las aguas le obedecen?". Viendo toda la grandeza, la autoridad y el poderío de Cristo, nosotros también nos sorprendemos de que los discípulos, que habían vivido tan estrechamente con Él, tuvieran tan poca fe y que aún no lo conocieran. Para esa fecha, se entiende que ya debían saber que el Señor siempre estaba velando por ellos. Esto también ocurre en la actualidad con nosotros, los cristianos. A veces nos sentimos como si no nos escuchara aunque Él siempre está pendiente de nuestras necesidades y siempre está velando por nosotros. Y esto, precisamente, es lo que debemos tener siempre en cuenta.

Desde los tiempos de los apóstoles, la Iglesia Católica ha sido conocida como la Barca de Jesús. A menudo también es balanceada en medio de los problemas y conflictos causados por un mundo que muestra, cada vez con más frecuencia, su hostilidad a las enseñanzas de Cristo. Nunca antes en la historia se ha visto acosada como en los tiempos actuales. El mismo Jesús les dijo a los apóstoles que habría individuos y grupos que tratarían, por todos los medios, que la Iglesia se doblegara a los poderes de este mundo (Mateo 5, 11-12). Los cristianos hemos visto y comprobado cómo es atacada la Iglesia, incluso perseguida, precisamente porque habla de Dios, defiende las enseñanzas de Cristo y no se deja avasallar por los que quieren enmudecerla, pisotearla y destruirla. En su Último Testamento, el Papa Juan Pablo II dijo, "el camino de la Iglesia se ha vuelto difícil y tenso, tanto para los fieles como para los pastores, prueba característica de estos tiempos. En algunos países la Iglesia se encuentra en un período de persecución tal, que no es inferior al de los primeros siglos. Al contrario, incluso los supera por el grado de crueldad y de odio".

Siempre que ha sufrido la Iglesia épocas de persecución, ha vuelto los ojos hacia Cristo porque sabe que solo Él puede salvarla de cualquier tempestad, por muy violenta que sea. El Señor les dijo a los apóstoles que Él siempre estaría con su Iglesia, apoyándola y guiándola.

Cuando los apóstoles se vieron en peligro y tuvieron tanto miedo, recurrieron al Maestro. ¿A quién iban a recurrir? Él era el único que los podía salvar. Cuando nosotros comprobamos que la fuerza de la maldad ataca nuestra fe, nuestras creencias y a nuestra Iglesia, no tengamos miedo. El Señor cumplirá lo que prometió, "Yo estaré con vosotros todos los días hasta el final de los tiempos" (Mateo 28, 20).

Twelfth Sunday of Ordinary Time
Cycle B Book 1
Readings: 1) Job 38:1, 8-11 2) 2 Corinthians 5:14-17 3) Mark 4:35-41

We heard in the Gospel reading that Jesus decided to go over to the other side of the Sea of Galilee. He and His disciples embarked and, leaving behind the Jewish region, sailed towards the other side, the pagan region. During the crossing, the Lord felt tired and He fell into a deep sleep. Then a storm arose with strong winds and waves. The water began to enter into the boat. The disciples fought against the hurricane force winds and the waves. They went through many panic-stricken moments. While all of this was going on, the Lord slept peacefully. So the disciples, filled with fear, decided to awake Him, saying, "Master, do you not care if we sink?" When He was awakened, the Lord immediately saw the danger. He stood up and, with a commanding presence, said to the sea, "Silence, be still!" And, at once, everything calmed down.

Jesus was surprised when He saw the lack of faith that His disciples had. He scolded them, saying, "Why are you acting so cowardly? Do you still have not faith?" The disciples, totally confused, commented among themselves, "Who then is this whom even the wind and the waves obey?" Seeing all of Christ's greatness, authority, and power, we also are sometimes surprised that the disciples, who had lived so close to Him, would have so little faith and that they still did not recognize Him. By this time, it is understood that they already should have known that the Lord was always watching out for them. This also occurs now with us, Christians. Sometimes we feel that He does not listen to us even though He is always attentive to our needs and is always watching out for us. And this, precisely, is what we should always keep in mind.

From the times of the apostles, the Catholic Church has been known as Jesus' Boat. Oftentimes, she is also thrown about in the midst of the problems and conflicts caused by a world that shows, more and more frequently, its hostility to the teachings of Christ. Never before in history has she been as pursued as in modern times. Jesus Himself told the apostles that there would be individuals and groups who would try, by all means, to make the Church bow down to the powers of this world, (Matthew 5, 11-12). We Christians have seen and verified how the Church is attacked, even persecuted, precisely because she talks about God, defends the teachings of Christ and does not allow herself to be enslaved by those who want to silence her, step on her and destroy her. In his Last Testament, Pope John Paul II said, "the road the Church travels has become difficult and tense, for the faithful as well as for the pastors, a characteristic sign of these times. In some countries, the Church has gone through a period of persecution so great that it cannot be considered less than those experienced in the first centuries. On the contrary, it even surpasses them in the level of cruelty and hatred."

Every time that the Church has suffered times of persecution, she has turned her eyes to Christ because she knows that only He can save her from any storm, however violent it may be. The Lord said that He always would be with his Church, supporting her and guiding her.

When the apostles saw they were in danger and they were so afraid, they turned to the Master. To whom else could they go? He was the only one who could save them. When we see that the forces of evil are attacking our faith, our beliefs, and our Church, we should not fear. The Lord will fulfill His promise, "I will be with you always until the end of time." (Matthew 28:20)

Decimotercer Domingo del Tiempo Ordinario
Ciclo B Tomo 1
Lecturas: 1) Sabiduría 1, 13-15; 2, 23-24 2) 2 Corintios 8, 7-9. 13-15 3) Marcos 5, 21-43

El Evangelio hoy entrelaza dos diferentes sucesos en la vida de Cristo que muestran su poder sobre la enfermedad y la muerte. Recordemos que San Marcos escribió su Evangelio durante la primera persecución romana de la Iglesia. El Emperador Nerón había mandado detener, torturar y ejecutar a todos los cristianos romanos. En aquel tiempo, la comunidad cristiana en Roma era aún muy pequeña y muchos de ellos estaban recién bautizados. Todavía su fe era débil. Cuando se enteraron que sus compañeros de fe habían sido detenidos por las autoridades y atacados en el Coliseo por los leones, muchos de ellos renunciaron a su fe. San Marcos escribió su Evangelio precisamente para animarlos y darles fortaleza ante la muerte que posiblemente tendrían que pasar. Con su Evangelio, San Marcos quiso alentar a los cristianos de Roma a no tener miedo a la muerte, a poner su fe en Cristo. Sabemos que lo que pide es duro de admitir. Pero esto es lo que nos manda nuestra fe en Jesucristo, Nuestro Señor, que pasó por todo esto y muchísimo más.

Reconocemos, porque muchos también lo hemos vivido, la impotencia que sentía ante la enfermedad la mujer que había padecido por doce años flujos de sangre. Al oír que pasaba Jesús, se acercó tímidamente por detrás y, con gran fe de que la iba a curar, le tocó el manto. E inmediatamente se sintió curada. Esta parte del Evangelio nos recalca lo que nos pide el Señor: "No tengáis miedo". Cuando Jesús preguntó, "¿Quién me ha tocado?" La mujer tuvo miedo. Muy asustada, y temblorosa, se echó a los pies de Nuestro Señor y le confesó todo. Él, con mucho amor, le dijo, "Vete en paz y con salud". Bien claro comprobamos que con fe se puede todo. Cuando pedimos algo a Dios, en nombre de Nuestro Señor Jesucristo, lo conseguiremos ó no lo conseguiremos, todo dependerá de la fuerza de nuestra fe.

El Evangelio hoy también nos habla de otra curación. Se acercó a Jesús un jefe de la sinagoga llamado Jairo. Se echó a sus pies y le rogó con insistencia, "Mi niña está en las últimas. Ven, pon las manos sobre ella para que se cure y viva". ¡Qué vería el Señor en este hombre, que sin decir nada, se fue con él! Aunque había una multitud de gente, el Señor solo permitió que Pedro, Juan y Santiago le acompañaran. Cuando se acercaban a la casa, alguien se acercó a Jairo y le dijo, "Tu hija se ha muerto. ¿Para qué molestar más al Maestro?". Jesús escuchó lo que hablaban y dijo, "No temas, basta que tengas fe". Cuando llegaron a la casa y entraron, Jesús vio a los que estaban llorando, impotentes ante la muerte, y les preguntó porque estaban tan tristes. Y les dijo, "La niña no está muerta, está dormida". Se rieron de Él. Aquí observamos, como en otras ocasiones, la firmeza y la valentía de Cristo. En vez de reaccionar enérgicamente y enfadado, sintiéndose despreciado, echó a todos fuera con autoridad y se hizo acompañar por el padre y la madre de la niña. E inmediatamente la curó y les dijo que la dieran de comer.

Con mucha frecuencia se escucha decir, "La fe hace milagros". Hoy el Evangelio nos demuestra la veracidad de este dicho. En el transcurso de nuestra vida, muchas veces hemos sentido la mano del Señor, ayudándonos. En esas ocasiones, uno no puede menos que decir, "¡Señor, que grande eres! ¡Cuántos pequeños milagros haces por mí!" El que reacciona de esta forma, está demostrando su fe. Los cristianos comprobamos, frecuentemente, que los milagros y las curaciones no terminaron cuando Jesús ascendió al cielo. Se siguen experimentando en diferentes personas cada día. Y no solamente curaciones del cuerpo físico sino también del alma. Pidamos a Nuestro Señor Jesucristo que aumente nuestra fe. Y también pidámosle que nos quite el miedo a la muerte y a la enfermedad. Dejemos todo en sus manos.

Thirteenth Sunday of Ordinary Time
Cycle B Book 1
Readings: 1) Wisdom 1:13-15; 2:23-24 2) 2 Corinthians 8:7-9, 13-15 3) Mark 5:21-43

The Gospel Reading today interlaces two occurrences in the life of Christ that show His power over sickness and death. Remember that Saint Mark wrote his Gospel Reading during the first Roman persecution of the Church. The Emperor Nero had ordered the detention, torture and execution of all the Christians in Rome. At that time, the Christian community in Rome was still very small and many of them had just been baptized. Their faith was still weak. When they saw their brothers and sisters in the faith arrested by the authorities and attacked in the Coliseum by lions, many of them renounced their faith. Saint Mark wrote his Gospel precisely to encourage and strengthen them in the face of the death that they would possibly have to go through. By writing his Gospel, Saint Mark wanted to encourage the Christians of Rome not to be afraid of death, to place their faith in Christ. We know that what he asks is hard to accept. But this is what our faith in Jesus Christ, Our Lord, who went through all of this and much more, demands.

We recognize, because many of us have lived through it, the helplessness that was felt by the woman who had suffered a hemorrhage for twelve years. When she heard that Jesus was passing by, she timidly approached Him from behind and, with great faith in His ability to cure her, touched His cloak. And she was immediately cured. This part of the Gospel reinforces in us what the Lord asks of us: "Do not be afraid." When Jesus asked, "Who touched me?" The woman was afraid. Fearful and trembling, she threw herself at Our Lord's feet and confessed everything. He, with much love, said to her, "Go in peace and health." Very clearly, we see that with faith anything is possible. When we ask God for something, in the name of Our Lord, Jesus Christ, we will obtain it or not, depending on the strength of our faith.

The Gospel Reading today also talks about another healing. Jairus, the head of the synagogue, approached Jesus. He threw himself at His feet and pleaded insistently, ""My daughter is about to die. Come, lay your hands on her so that she may be healed and live." The Lord must have seen something in this man for, without saying anything, He went with him! Even though there were a great number of people about, the Lord only allowed Peter, John and James to accompany Him. When they approached the house, someone came up to Jairus and said to him, "Your daughter has died. Why bother the Master anymore?" Jesus heard and said, "Do not be afraid; just have faith." When they arrived and entered the house, Jesus saw that those present were crying, helpless in the face of death and He asked them why they were so sad. And then He said to them, "The girl is not dead; she is asleep." They laughed at Him. Here we see, as in other occasions, the firmness and the courage of Christ. Instead of reacting intensely and in anger, feeling slighted, with authority He ordered everyone out of the room, only allowing the father and the mother of the child to stay. And He immediately cured her and told them to give her some food.

We have frequently heard, "Faith does miracles." Today the Gospel Reading shows us the truth of this saying. During our life, many times we have felt the Lord helping us. On those occasions, we can only say, "Lord, how great you are! How many small miracles you perform for me!" Whoever reacts this way is showing faith. We Christians witness, frequently, that miracles and healings did not end when Jesus ascended into heaven. They continue to be felt by different people every day. And not only healing of the body but also of the soul. Let us ask Our Lord, Jesus Christ, to strengthen our faith. And let us ask Him to take away our fear of death and of illness. Let us leave everything in His hands.

Decimocuarto Domingo del Tiempo Ordinario
Ciclo B Tomo 1
Lecturas: 1) Ezequiel 2, 2-5 2) 2 Corintios 12, 7-10 3) Marcos 6, 1-6

El Evangelio de hoy narra que Jesús fue a su tierra en compañía de sus discípulos. Predicó en la sinagoga y la gente del lugar, sorprendida, se preguntaban, "¿De dónde saca todo eso?... ¿No es éste el carpintero, el hijo de María...?". Estas murmuraciones contra Jesús por sus propios paisanos y en su propio pueblo confirman lo que muchos han vivido en su propia experiencia. Muchos de nosotros conocemos a personas que consiguieron triunfar en alguna empresa, sea de la índole que sea, y se han visto sorprendidos y dolidos por la reacción negativa que han notado en muchas personas, incluso en miembros de su propia familia. Esto, para la persona que lo padece, es difícil de aceptar y superar. Esa misma reacción tuvieron muchos de los habitantes de Nazaret contra Jesús. El Señor tuvo, igual que nosotros tenemos, fracasos y decepciones. Pero no se dejó vencer. Siguió, con entereza, enseñando y haciendo milagros, aunque en Nazaret no pudo hacer ninguno. Quizá un poco dolido, dijo, "No desprecian a un profeta más que en su tierra, entre sus parientes y en su casa".

San Marcos, y también los otros evangelistas, no trataron de encubrir los fracasos ocasionales que Jesús tuvo durante su vida pública. Cuando el Señor predicaba lo hacía con valentía y diciendo lo que había que decir, gustara ó no gustara a los que le escuchaban. Pero no todos aceptaban su predicación. Al escucharla, algunos adoptaban una actitud incrédula. Incluso viendo sus obras y sus milagros, había muchos que no querían reconocer su valía. Esta fue la razón que el Señor no pudo hacer milagros en Nazaret. Pero a pesar de la mala acogida y de la decepción que seguramente sentía, siguió recorriendo pueblos y enseñando. Esto mismo hace la Iglesia. Siguiendo el ejemplo de Cristo, la Iglesia predica, evangeliza y enseña. Esta es su misión profética y su tarea más importante. Sin embargo, esta misión es la más difícil que se le ha encomendado. Porque aunque la sociedad no esté de acuerdo con sus enseñanzas, e incluso aunque la gente deje de acudir a ella porque no predica lo que quieren oír, la Iglesia tiene que seguir enseñando la verdad, con valentía, como lo hizo Cristo.

En la Primera Lectura vemos que esto fue lo que le sucedió al profeta Ezequiel. Le fue encomendado predicar al pueblo de Israel justamente cuando este pueblo se había rebelado contra Dios. Esto era un cometido difícil. Pero Ezequiel tenía que cumplir su misión: comunicar la palabra de Dios sin cambiarla y sin rodeos. Y así lo hizo, aunque el pueblo no quería escucharle. Esta lectura es muy instructiva para los que tienen que pregonar la palabra de Dios.

San Pablo, en su Segunda Carta a los Corintios, les dice que, a pesar de los insultos, las privaciones y las persecuciones que ha padecido por predicar la Palabra de Dios, tiene que seguir predicando y glorificando al Señor. En su humildad dijo, "Para que no tenga soberbia, me han metido una espina en la carne...". No se sabe exactamente a qué se refería San Pablo al hablar así. Pudo ser una enfermedad ó pudieron ser tentaciones del mundo. Lo que sí sabemos es que pidió a Dios ayuda. Y Él le respondió, "Te basta mi gracia, porque mi poder se manifiesta en la debilidad".

Las mismas debilidades que padeció San Pablo las padecemos nosotros también en diferentes épocas de la vida. El Señor sabe que somos débiles y que muchas veces nos sentimos incomprendidos, especialmente cuando hablamos de nuestra fe ó de Dios. Incluso a veces sentimos esa incomprensión en la familia y en los amigos. A pesar de eso, tenemos que seguir el ejemplo del profeta Ezequiel, que aunque el pueblo se negaba escucharle, seguía predicando.

Fourteenth Sunday of Ordinary Time
Cycle B Book 1
Readings: 1) Ezekiel 2:2-5 2) 2 Corinthians 12:7-10 3) Mark 6:1-6

The Gospel Reading today tells us how Jesus went to His homeland accompanied by His disciples. He preached in the synagogue and the people of the town, surprised, asked each other, "Where did he get all of this? … Is this not the carpenter, the son of Mary…? This grumbling about Jesus by His own compatriots and in His own hometown confirms what many of us have lived and experienced. Many of us know of people who have been able to succeed in some enterprise, of whatever kind, and they have been surprised and hurt by the negative reaction they see in many people, including members of their own families. This, for the person who has gone through it, is difficult to accept and overcome. The inhabitants of Nazareth had the same reaction against Jesus. The Lord had failures and disappointments, just as we do. But He did not let them overcome Him. He continued, with integrity, teaching and performing miracles, even though in Nazareth He could not perform any. Maybe a little hurt, He said, ""A prophet is not looked down on except in his native land, among his own kin and in his own house."

Saint Mark and the other Evangelists did not try to cover up the occasional failures that Jesus had during His public life. When the Lord preached, He did so valiantly, saying what He had to say, whether it was liked or not by those who heard Him. Not everyone accepted His preaching. When they heard it, they took on an unbelieving attitude. Even though they saw His works and His miracles, many did not want to recognize His worth. That was the reason that the Lord could not perform any miracles in Nazareth. In spite of the poor welcome and the disappointment that He felt, He continued to travel to towns and to teach. This is exactly what the Church does. Following the example of Christ, the Church preaches, evangelizes and teaches. This is her prophetic mission and her most important task. Nevertheless, this mission is the most difficult that she has been given. Even though society does not agree with her teaching and people stop coming to her because she does not preach what they want to hear, the Church has to continue teaching the truth, courageously, as Christ did.

In the First Reading, we see that this was what happened to the prophet Ezekiel. He had to preach to the people of Israel just when they had rebelled against God. This was a difficult task. But Ezekiel had a mission to carry out: communicate the word of God without changing it and in its entirety. That is what he did, even though the people did not want to listen to him. This Reading is very instructive for those who have to preach the word of God.

Saint Paul, in his Second Letter to the Corinthians, tells them that, in spite of the insults, the deprivation, and the persecution that he has suffered for preaching the Word of God, he has to continue preaching and glorifying the Lord. In his humility he said, "So that I will not be proud, a thorn has been placed in my flesh…." It is not certain exactly what Saint Paul was referring to when he said this. It could have been a sickness or it could have been the temptations of this world. What is certain is that he asked God for help. And God responded, "My grace is sufficient for you, for my power is manifested in weakness."

The same weaknesses that Saint Paul had we also have at different times of our lives. The Lord knows that we are weak and that many times we feel misunderstood, especially when we talk about our faith or about God. We sometimes feel misunderstood in our family and by our friends. In spite of this, we have to follow the example of Ezekiel, who, even though the people refused to listen, continued preaching.

Decimoquinto Domingo del Tiempo Ordinario
Ciclo B Tomo 1
Lecturas: 1) Amós 7, 12-15 2) Efesios 1, 3-14 3) Marcos 6, 7-13

El Evangelio nos muestra uno de los puntos claves en la vida de Jesús. Inició su ministerio público en Galilea y en el mismo lugar escogió a los doce apóstoles que le acompañarían en su ministerio y, a la vez, aprenderían de Él.

Los apóstoles ya habían pasado tiempo en compañía del Maestro. Durante esta estancia presenciaron milagros y aprendieron de su predicación. Por entonces, Jesús determinó que ya era hora que ellos fueran independizándose y que salieran por caminos, pueblos y ciudades. Les dio poder para que hicieran las mismas cosas que le habían visto hacer a Él.

Jesús llamó a los apóstoles, los envió de dos en dos y les encargó una misión primordial: expulsar a los espíritus inmundos. Les encomendó, más o menos, que fueran valientes y que no se dejaran desanimar si en algún lugar no eran bien acogidos ó si la palabra que predicaban no era bien recibida. También les dio instrucciones sobre lo que debían llevar. Cuando acompañaban a Jesús por tierras de Galilea, aprendieron a vivir en libertad, sin ataduras. Comían donde se terciaba y dormían donde podían. Así que lo que les estaba pidiendo no les iba a ser difícil. Muchas personas conocen lo bien que se vive cuando se tienen pocas cosas. Basta con tener las necesarias para vivir. Eso no quita que la mayoría de la gente esté ansiosa por obtener, aún comprobando que a nuevas cosas, nuevas responsabilidades y nuevas ataduras.

El Evangelio nos enseña que la primera misión que Nuestro Señor dio a los apóstoles era combatir a los espíritus inmundos. Esto no debe extrañarnos. El mismo Cristo, cuando iba de camino, predicaba y curaba enfermos, pero su verdadera misión, la tarea fundamental que trajo, fue liberar al mundo de la dominación de Satanás y salvar a toda la humanidad del pecado. Todas las curaciones que hizo fueron precisamente signos de esa liberación.

Cuando los apóstoles salieron de dos en dos a cumplir la misión que les había sido encomendada, ya sabían que habría fracasos. Recordaban todos los problemas que tuvo Jesús cuando predicaba por Galilea y alrededores, especialmente cuando fue a su propio pueblo donde fue rechazado y que fue el único sitio donde no pudo hacer ningún milagro.

Sabemos que la tarea que emprendieron los apóstoles no era nada fácil. Esto lo saben muy bien los misioneros porque su misión se asimila mucho al ministerio de los apóstoles. La sociedad en que vivimos necesita cristianos comprometidos, que sigan el ejemplo de los apóstoles, porque la tarea de evangelizar, de predicar con el buen ejemplo, de ayudar al hermano caído, no es solamente tarea de la Iglesia y sus ministros. Es una tarea que incumbe a cada cristiano. No hace falte recorrer grandes distancias, ni tampoco ir a otros países. Para proclamar el Evangelio, para manifestar la fe, lo que hace falta es una entrega responsable, una entrega seria. Más que nunca, esta sociedad necesita cristianos que muestren abiertamente su fe, que dejen ver a Dios ante los demás.

Nuestro Señor nos invita no solamente a seguirle sino a demostrar a todo el mundo, con hechos, que somos sus seguidores. En nosotros está rechazar la invitación ó aceptarla con alegría y valentía como lo hicieron los apóstoles.

Fifteenth Sunday of Ordinary Time
Cycle B Book 1
Readings: 1) Amos 7:12-15 2) Ephesians 1:3-14 3) Mark 6:7-13

The Gospel Reading shows us one of the crucial points in Jesus' life. He began his public ministry in Galilee and, in that same place, He chose the twelve apostles who would accompany Him in His ministry and, at the same time, learn from Him.

The apostles had already spent some time in the company of the Master. During that time they witnessed His miracles and learned from His preaching. And so Jesus decided that it was time for them to become independent and go out to the roads, towns and cities. He gave them power to do the same things that they had seen Him do.

Jesus gathered His apostles together, sent them out two by two and charged them with an essential mission: casting out evil spirits. He charged them, more or less, with being courageous and with not being disappointed if in any place they were not welcomed or if the word they preached was not well received. He also instructed them on what they should take. When they accompanied Jesus in Galilee, they learned to live freely. They ate and slept where they could. Therefore, what He was asking them to do was not very difficult. Many people know how good it is to live with few things. It is enough to have what is necessary to live. That does not mean that the majority of people are not anxious to obtain things, even though they know that with new things come new responsibilities and new ties.

The Gospel Reading teaches us that the first mission that Our Lord gave to the apostles was to fight against evil spirits. This should not seem strange to us. Christ Himself, when He was traveling, preached and cured sick people, but His true mission, the fundamental task He brought, was to liberate the world from the domination of Satan and save humanity from sin. All of the healings that He performed were precisely signs of that liberation.

When the apostles went out two by two to carry out the mission that they had received, they already knew that there would be failures. They remembered the problems that Jesus had when He preached in Galilee and the surrounding area, especially when He went to His own hometown where He was scorned and which was the only place that He could not perform a miracle.

We know that the task that the apostles set out on was not easy. The missionaries know this very well because their mission is much like the ministry of the apostles. The society in which we live needs dedicated Christians who follow the example of the apostles because the task of evangelizing, of preaching with a good example, of helping the fallen brother, is not a task that falls only to the Church and her ministers. It is a task that is incumbent on every Christian. It is not necessary for us to travel long distances, nor to go to other countries. In order for us to proclaim the Gospel, to show our faith, what is needed is responsible and serious dedication. More than ever, this society needs Christians who will openly show their faith, who let God be seen in them by others.

Our Lord invites us not only to follow Him but also to show the world, with our works, that we are His followers. It is up to us to refuse the invitation or accept it joyfully and courageously as the apostles did.

Decimosexto Domingo del Tiempo Ordinario
Ciclo B Tomo 1
Lecturas: 1) Jeremías 23, 1-6 2) Efesios 2, 13-18 3) Marcos 6, 30-34

En el Evangelio, San Lucas nos muestra la preocupación de Jesús por el bienestar de sus apóstoles. Y también muestra el cariño que sentía por ellos. Recordemos cómo el Señor los envió a predicar por los pueblos de Galilea. Cuando regresaron vio que estaban cansados. Al verlos fatigados decidió llevarlos con Él a un sitio tranquilo a descansar. Quería estar con ellos pero había tanta gente alrededor, yendo y viniendo, vio que esto no era posible. Entonces decidió coger una barca y retirarse con sus discípulos, buscando un lugar tranquilo. Esto tampoco pudo ser, ya que la gente llegó antes que ellos.

Más de una vez hemos visto en los Evangelios cómo Jesús se compadecía de la gente. Le daba lástima y hasta se olvidaba de Él mismo, de su cansancio, y se ponía a enseñarles por horas. ¿Que vería esa multitud en Jesús para seguirle de esa manera? A aquellas personas les ocurría lo mismo que está ocurriendo ahora. La multitud anda desorientada, algunos hasta descarriados, como ovejas sin pastor. Aquella gente seguía al Señor porque vio en Él al Buen Pastor que sabe cuidar a sus ovejas.

Cristo escogió a los apóstoles para que fueran los pastores de su Iglesia cuando Él ya no estuviera con ellos. Y así ocurrió. Cuando Jesús volvió al Padre, ellos fueron los que guiaron y cuidaron el rebaño de la Iglesia que Cristo fundó. Ellos fueron sus sucesores y actuaban en su nombre. Formaron la primera estructura jerárquica de la Iglesia. Más tarde, los apóstoles empezaron a nombrar a sus propios sucesores. Y la Iglesia, a través de los años, ha seguido nombrando obispos, pastores del rebaño, que son los sucesores de los apóstoles.

En la Primera Lectura, hemos escuchado a Dios decir, a través del profeta Jeremías: "¡Ay de los pastores que dispersan y dejan perecer a las ovejas de mí rebaño!" Reconocemos el comportamiento de algunos malos pastores que han causado daño a la Iglesia y a ellos mismos. En estos casos, hemos comprobado que algunos cristianos, en vez de perdonar y pedir a Dios por estas personas, dejan la Iglesia, alegando, "Si los curas hacen esas cosas, ¿Qué hago yo aquí?".

Nuestro deber como cristianos, primero de todo, es no generalizar, no culpar a los buenos pastores por lo que hacen los malos. No podemos culpar a la Iglesia, no podemos alejarnos de ella, simplemente porque vemos pecado en alguno de sus miembros. Debemos recordar que nuestro deber es perdonar y no juzgar. Si no lo hacemos así, los que tendremos que dar cuentas a Dios seremos nosotros. Además, tenemos la obligación de defender, con riesgo de polémica si eso fuera necesario, a los pastores de nuestra Iglesia. Los malos pastores, si no se arrepienten, serán ellos los que tendrán que dar cuentas a Dios. No es para nosotros juzgarlos. Y mucho menos si recordamos que también nosotros pecamos.

Hermanas y hermanos, todos sabemos que es urgente que todos los cristianos nos unamos en un solo rebaño, en una sola Iglesia. También lo sabe Satanás. La manera más eficaz que tiene el Maligno de atacar a la Iglesia es a través de la desunión. La Primera Lectura hoy nos recuerda a los pastores fracasados de nuestros tiempos, los que han sucumbido a la tentación fallando en la vocación que Dios les dio. Sus pecados han causado discordia dentro y fuera de la Iglesia. Pero recordemos que no todos son así. Oremos por los pastores buenos que hay en nuestra Iglesia para que Dios les de la fuerza necesaria para continua pastoreando con dignidad el rebaño.

Sixteenth Sunday of Ordinary Time
Cycle B Book 1
Readings: 1) Jeremiah 23:1-6 2) Ephesians 2:13-18 3) Mark 6:30-34

In the Gospel Reading, Saint Luke shows us the concern that Jesus had for the well-being of His apostles. He also shows the affection that He felt for them. Remember how the Lord sent them to preach in the towns of Galilee. When they returned, He saw that they were tired. Seeing their fatigue, He decided to take them with Him to a quiet place to rest. He wanted to be with them but there were so many people around, going and coming, that He saw that this was impossible. It was then that He decided to take a boat and go off with his disciples, looking for a quiet place. This was not to be because the people arrived before they did.

More than once, we have seen in the Gospels the pity that Jesus felt for people. He felt sorry for them and even forgot about Himself, about His fatigue, and He would teach them for hours. What did this multitude see in Jesus to follow Him in this way? The same thing that happened to those people is happening now. The multitude is disoriented; some of them are even misdirected, like sheep without a shepherd. Those people followed Jesus because they saw in Him the Good Shepherd that takes care of His sheep.

Christ chose His apostles so that they could be shepherds of His Church when He was no longer among them. And that is what happened. When Jesus returned to the Father, they were the ones who guided and guarded the flock of the Church that Christ founded. They were His successors and acted in His name. They built up the first hierarchical structure of the Church. Much later, the apostles began to name their own successors. And the Church, throughout the years, has continued to name bishops, shepherds of the flock, who are the successors of the apostles,

In the First Reading, we heard God say, through the prophet Jeremiah, "Woe to the shepherds who scatter the sheep of my flock and allow them to perish!" We recognize that the behavior of some bad shepherds has harmed the Church and themselves. In these cases, we have seen how some Christians, instead of pardoning and praying to God for these people, leave the Church, alleging, "If the priests do these things, what am I doing here?"

Our duty, as Christians, first of all is not to generalize, not to blame the good shepherds for what the bad ones do. We cannot blame the Church; we cannot distance ourselves from her, simply because we see that some of her members have sinned. We should remember that our duty is to pardon and not to judge. If we do not, we will be the ones who will have to give an accounting to God for our actions. Moreover, we have the obligation to defend, risking causing controversy if necessary, the shepherds of our Church. The bad shepherds, if they do not repent, will have to give an accounting to God for their own sins. It is not our place to judge. Much less, if we remember that we are also sinners.

Sisters and brothers, we all know that all Christians urgently need to be united in one flock, in one Church. Satan also knows this. The most efficient way that the Evil One has to attack the Church is through disunity. The First Reading reminds us of the failed shepherds of our times, the ones who have succumbed to temptation, failing in the vocation that God gave to them. Their sins have cause discord inside and outside of the Church. But remember that not all are like that. Let us pray for the good shepherds in our Church so that God will strengthen them so they can continue to shepherd the flock with integrity.

Decimoséptimo Domingo del Tiempo Ordinario
Ciclo B Tomo 1
Lecturas: 1) 2 Reyes 4, 42-44 2) Efesios 4, 1-6 3) Juan 6, 1-15

En el Evangelio vemos cómo Jesús se marchó a la otra orilla del Mar de Galilea. Mucha gente le siguió a pie desde sus pueblos. Después de llegar, el Señor subió a la montaña y levantando los ojos vio que acudía mucha gente. Entonces le dijo a Felipe, "¿Con qué compraremos panes para que coman éstos?" Felipe le respondió diciendo que haría falta mucho dinero para comprar suficiente comida para tantas personas. Entonces intervino Andrés, que dijo, "Aquí hay un muchacho que tiene cinco panes de cebada y un par de peces, pero, ¿qué es eso para tantos?" Jesús ordenó que se sentara la gente en el suelo. Y fue cuando realizó el gran milagro de la multiplicación de los panes y los peces. Comieron más de cinco mil personas y todos quedaron satisfechos.

Desde aquellos tiempos de Jesús hasta nuestra época, la vida ha evolucionado mucho. Sin embargo, aún hoy tenemos que hacernos esta pregunta: ¿A quién se podría ir, aquí en la tierra, que fuera capaz de multiplicar cualquier clase de comida, saciando el hambre de la gente, como lo hizo el Señor? Todos somos conscientes de la hambruna tan enorme que están padeciendo en algunos países de este mundo. Y vemos a miles de personas tratando, de una manera u otra, de arreglar el problema. Pero no se arregla. El milagro de la multiplicación de los panes y los peces nos debe hacer levantar y dirigir la mirada a Dios. Porque solamente con su ayuda, y nuestro desprendimiento, podremos ayudar a los necesitados. No olvidemos: con la ayuda de Dios y nosotros acoplándonos con menos y dando un poquito más.

Muchos dirán que las necesidades están allí, aún existen, y que no se ve la ayuda de Jesús. Pero yo les aseguro que el único que puede arreglar el problema del hambre, ó cualquier otro problema es Cristo. Si alguien no lo ve así, es que le falta fe. Cuando recurrimos a Dios, pidiéndole cualquier cosa, Él la suele conceder y mucho más cuando lo que pedimos es para otros. No caigamos en el error de creer que en nuestras manos está arreglar este gran problema sin la ayuda de Dios. Él lo puede todo. Y el milagro que hizo Jesús de los panes y los peces nos lo reafirma.

La Primera Lectura nos demuestra lo que he dicho anteriormente sobre Nuestro Señor. En aquellos días, un hombre de Bal-Salisá vino y le dio a Eliseo veinte panes de cebada de los que eran ofrecidos, en primicia, a Dios. Solamente los sacerdotes podían comer de este pan. Pero Eliseo se desprendió de estos panes, diciéndole a su criado, "Dáselos a la gente, que coman". Parece que el criado no entendía plenamente cómo podía hacer esto. Replicó, "¿Qué hago yo con esto para cien personas?". La respuesta de Eliseo nos enseña su gran confianza en Dios y, también, su preocupación por los hambrientos. Demuestra que tenía gran caridad y muchísima fe. Así que insistió, "Dáselos a la gente, que coman. Porque así dice el Señor: Comerán y sobrará". Eliseo no se equivocó. De la comida que dio, se hartaron y hasta sobró, como había dicho el Señor. Más de una vez hemos comprobado, con satisfacción, que esto ocurre tal y como lo dijo el Señor. Hemos tenido la experiencia que cuando en nuestra iglesia se celebra algún acontecimiento y llevamos un plato, tratando desinteresadamente que sea abundante y sabroso, con admiración, comprobamos los resultados. Todos comen hasta saciarse y aún hay sobras. Así que solemos decir, "Llévense a sus casas algo de comida, porque ha quedado mucha". Cuando damos, sin ánimo de lucro, sin que nadie lo presencie, es exactamente el momento cuando el Señor multiplica todo con creces. Todo esto, a más de una persona, le costará creer. Pero los que lo hemos comprobado con nuestros propios ojos sabemos que es la verdad.

Seventeenth Sunday of Ordinary Time
Cycle B Book 1
Readings: 1) 2 Kings 4:42-44 2) Ephesians 4:1-6 3) John 6:1-15

In the Gospel Reading we see how Jesus went to the other side of the Sea of Galilee. Many people followed Him on foot from their towns. After arriving, the Lord went up to a mountain top and raising His eyes He saw that many people had gathered together. Then He said to Philip, "With what will we buy bread so that these (people) can eat?" Philip responded saying that they would need a lot of money to buy enough food for so many people. Then Andrew intervened, saying, "Here is a boy who has five loves of barley bead and two fish, but, what is that for so many?" Jesus ordered them to get the people to sit down on the ground. And it was then that He performed the great miracle of the multiplication of the bread and the fish. More than five thousand people ate and they were all satisfied.

From the times of Jesus up to our times, life has changed a lot. Nevertheless, we still have to ask ourselves this question: To whom could we go, here on earth, who would be capable of multiplying any form of food, appeasing the hunger of the people, as Jesus did? We are all conscious of the great famine that some countries in this world are suffering. And we see thousands of people trying, in one way or the other, to remedy this problem. But there is no resolution. The miracle of the multiplication of the bread and the fish should make us raise our eyes and look to God. Because only with His help, and our own generosity, will we help the needy. Let us not forget: with the help of God and with us getting by on less and giving a little more.

Many will say that the needs are there, they still exist, and Jesus is nowhere to be seen. But I assure you that the only one who can resolve the problem of hunger, or any other problem, is Christ. Whoever does not see it that way, it is because he or she lacks faith. When we pray to Jesus, asking Him to help us in whatever occurs; He will usually grant what we ask for, and more so when what we ask for is for others. Let us not fall into the error of thinking that we can fix any problem without God's help. He can do anything. And the miracle that Jesus performed with the bread and the fish confirms that.

The First Reading shows us what I said before about Our Lord. In those days, a man from Baal-shalishah came and gave Elisha twenty loaves of bread of the kind that is given in offering, as the first fruits, to God. Only the priests could eat this bread. But Elisha gave away that bread, saying to his servant, "Give them to the people to eat." But it seems the servant did not completely understand how he was going to do that. He replied, "What am I to do with this for 100 people?" Elisha's answer shows us his great trust in God and, also, his concern for the hungry. It shows that he was a man of great charity and much faith. So he insisted, "Give it to the people to eat, because so says the Lord: They will eat and there will be some left over." Elisha was not wrong. Of the food that he gave, the people ate until they were satisfied and some was left over, just as the Lord had said. Oftentimes we have seen with satisfaction that this occurs just as the Lord says. We have experienced times when in our church there is some event, and we take a plate of food, trying to generously ensure that it is plentiful and delicious, and we see the surprising results. Everyone eats until they are full and there are leftovers. So we usually end up saying, "take some home to eat, because there is a lot left over." When we give, without expecting a return, without witnesses around, that is exactly the moment that the Lord multiplies things. All of this, to many, will seem difficult to believe. But those of us who have verified it with our own eyes know that it is true.

Decimoctavo Domingo del Tiempo Ordinario
Ciclo B Tomo 1
Lecturas: 1) Éxodo 16, 2-4. 12-15 2) Efesios 4, 17, 20-24 3) Juan 6, 24-35

Este domingo el Evangelio nos dice que las personas que habían participado en el banquete de la multiplicación de los panes y los peces, buscaban nuevamente a Jesús. Cuando no lo vieron y no podían encontrarlo, embarcaron y se fueron a Cafarnaún. Al verlo en la otra orilla, le preguntaron, "¿Maestro, cuándo has venido aquí?" Jesús sabía muy bien que muchos de los que se encontraban entre la muchedumbre lo buscaban por egoísmo. No era por escuchar su palabra ni porque habían creído que Él era el Mesías prometido que venía a salvarlos. Así que les contestó, "Sé que no me buscáis porque habéis visto el milagro de los panes sino porque comisteis hasta saciaros". Al Señor no le gusta el egoísmo. Y eso es lo que vio en muchos de los que le seguían. Y así se lo hizo ver a los que se encontraban reunidos en Cafarnaún. Bien claro dijo: "Trabajad no por el alimento que perece sino por el alimento que perdura para la vida eterna". El egoísmo es un defecto muy arraigado en los seres humanos. Tenemos que esforzarnos por extirparlo de nuestras vidas porque el Señor así lo quiere.

Aunque muchos de los allí reunidos vieron con sus propios ojos el milagro de la multiplicación de los panes y los peces, tuvieron la osadía de preguntarle al Maestro, "¿Y qué signo vemos que haces tú, para que creamos en ti? ¿Cuál es tu obra?". No se conformaron con decirle esto, además, casi retándole a que hiciera un milagro, le dijeron, "Nuestros padres comieron el maná en el desierto". La Primera Lectura nos dice que Dios mostró su bondad al pueblo hebreo haciendo llover maná del cielo para que tuvieran alimento cada día. Esta lectura, además, nos deja ver que siempre ha habido, y sigue habiendo, personas desagradecidas que, aunque reciben mucho de Dios, siempre se sienten descontentas. Dios había sacado a los Israelitas de la esclavitud de Egipto. Tenían a Moisés y Aarón, dos grandes líderes, que los guiaban y los escuchaban. Y tenían suficiente comida para no preocuparse. Pero en vez de agradecer a Dios por todos esos dones que les brindaba, y sobre todo, por su maravillosa libertad, la respuesta era quejarse constantemente a Moisés y Aarón.

Muchos cristianos, en esta época, también son desagradecidos. Los Israelitas tenían el maná, el pan llovido del cielo. Nosotros tenemos la Sagrada Eucaristía, el Pan de Vida bajado del cielo, que nos alimenta y fortalece espiritualmente, aumenta nuestra fe y, además, nos da la protección de Dios. Pero comprobamos que hay algunos cristianos que rechazan este alimento tan necesario y sin el cual el alma se debilita, la fe se va perdiendo poco a poco y la vida espiritual llega a desaparecer. Aunque siguen yendo a la Iglesia, quizás por rutina, sus vidas espirituales son mediocres porque no participan del alimento. Y, al rechazar la Sagrada Eucaristía, rompen el lazo que les une a Dios. Es una lástima ver a estas personas que, aunque van a la Iglesia, no están recibiendo los frutos del Espíritu Santo que manan de la Santa Comunión.

San Pablo, en la Segunda Lectura, exhorta a los cristianos de Éfeso a que no compartan los mismos criterios vacíos que tienen los paganos. Les dice que cuando la comunidad de Éfeso se hizo cristiana, fueron adoctrinados en la verdad de Cristo Jesús. Así que ya debieran haber dejado su modo antiguo de vivir, el "hombre viejo", corrompido por el pecado, esclavo del egoísmo y sin esperanza. Les pide una renovación de mente y espíritu y que se revistan de una nueva condición humana. Hermanas y hermanos, esto mismo nos pide la Iglesia a todos los cristianos. Que nuestra meta sea siempre renovarnos y revestirnos de una nueva condición humana creada a imagen de Dios.

Eighteenth Sunday of Ordinary Time
Cycle B Book 1
Readings: 1) Exodus 16:2-4, 12-15 2) Ephesians 4:17, 20-24 3) John 6:24-35

This Sunday, the Gospel Readings tell us that the people who had participated in the banquet of the multiplication of the bread and fish looked for Jesus once again. When they did not see Him and could not find Him, they took boats and went to Capernaum. When they found Him on the other shore, they asked, "Master, when did you come here?" Jesus knew very well that many of the people in the crowd that looked for Him did so because of selfishness. It was not because they wanted to hear His words or because they believed that He was the promised Messiah who would save them. So He answered them, "I know that you are not looking for me because you saw the miracle of the bread but because you ate until you were full." The Lord does not like selfishness. And He made this known to those who had gathered together in Capernaum. Very clearly, He said, "Work not for the food that perishes but for the food that endures unto eternal life." Selfishness is a defect that is ingrained in human beings. We have to force ourselves to root it out of our lives because that is what the Lord wants us to do.

Even though many of those gathered there saw with their own eyes the miracle of the bread and the fish, they dared to ask the Master, "What sign can we see that you do, that will make us believe in you? What can you do?" It was not enough for them to say that, almost challenged him to perform a miracle, they said, "Our fathers ate manna in the desert." The First Reading tells us that God showed His kindness to the Hebrew people by making it rain manna from the heavens so that they could eat every day. This Reading also shows us that there have always been, and there continue to be, ungrateful people who, even though they receive much from God, are always discontent. God had led the Israelites out of the slavery of Egypt. They had Moses and Aaron, two great leaders, to guide them and listen to them. And they had sufficient food so as not to worry. Instead of being grateful to God for all of the gifts He continued to give them, and above all, for their wonderful freedom, their answer was to constantly complain to Moses and Aaron.

Many Christians, today, are also ungrateful. The Israelites had manna, the bread that rained down from heaven. We have the Holy Eucharist, the Bread of Life that comes down from heaven, that feeds us and strengthens us spiritually, augments our faith and gives us God's protection. But we see that there are some Christians who reject this food that is so necessary and without which the soul weakens, faith is lost little by little and spiritual life begins to disappear. Even though they continue to go to Church, maybe just as a matter of course, their spiritual lives are mediocre, because they do not receive sustenance. And, when they reject the Holy Eucharist, they break the tie that unites them to God. It is a pity to see these people who, even though they go to Church, do not receive the fruits of the Holy Spirit that spring forth from Holy Communion.

Saint Paul, in the Second Reading, exhorts the Christians of Ephesus not to share in the same empty way of thinking of the pagans. He tells them that when the community of Ephesus became Christian, they were indoctrinated in the truth of Christ Jesus. So, they should already have left behind their old way of life, the "old man," corrupted by sin, a slave of selfishness and without hope. He asks them to renew themselves mentally and spiritually and to put on a new human condition. Sisters and brothers, this is also what the Church asks of all Christians. May our goal always be to renew ourselves and put on a new human condition created in the image of God.

Decimonoveno Domingo del Tiempo Ordinario
Ciclo B Tomo 1
Lecturas: 1) 1 Reyes 19, 4-8 2) Efesios 4, 30 – 5, 2 3) Juan 6, 41-51

El Evangelio nos relata cómo los judíos criticaron a Jesús cuando le oyeron decir, "Yo soy el pan bajado del cielo". Comenzaron a murmurar contra Él diciendo, "¿Acaso no conocemos a su padre y a su madre? ¿Cómo nos dice ahora que ha bajado del cielo?" El Señor, como tenía por costumbre, no se acaloró ni discutió. Solamente les amonestó diciendo, "No critiquéis". Y, a continuación dijo, "Yo soy el pan vivo que ha bajado del cielo. El que coma de este pan vivirá para siempre".

Hoy el Evangelio enseña a quien lo escuche con atención y lo medite, la necesidad que hay en el mundo de conocer a Jesús en la Sagrada Eucaristía. Esta sociedad necesita de ese Pan de Vida que Cristo nos ofrece. Este manjar divino es alimento. Y, a través de la gracia, da vida sobrenatural. El Concilio Vaticano Segundo con razón proclamó que la Sagrada Eucaristía es "fuente y cima de toda la vida cristiana" (*Lumen gentium, 11*). Contiene todo el bien espiritual de la Iglesia, ó sea Cristo mismo, nuestro Pan de Vida.

Observamos en la iglesia a gran cantidad de personas que reciben el Cuerpo y la Sangre de Cristo. Esto debe ser motivo de gran alegría para todos los cristianos. Pero también observamos que hay muy pocas personas recibiendo el Sacramento de la Reconciliación. Viendo este desnivel, uno no puede menos que preguntarse, ¿Qué es lo que está ocurriendo? Pues lo que ocurre es que esta sociedad está perdiendo el sentido del pecado. Y aunque el mundo desborda de tanta maldad, a muchos nada les parece pecado. Otros ven la Eucaristía como algo simbólico. Van a recibir la Sagrada Eucaristía pero no creen que estén recibiendo el Cuerpo y la Sangre de Cristo. Por eso se observa en ellos tan poco respeto a lo que van a recibir. Y su manera de comportarse deja muchísimo que desear. Todos debemos recapacitar, preguntándonos, ¿Cuando voy a recibir la Sagrada Eucaristía estoy bien preparado para recibir esa inmensidad? El que está bien preparado demostrará, con su actitud, que cree realmente que Jesucristo es el Pan Vivo bajado del cielo. Pero, por desgracia, son muy pocas las personas que dejan ver esta actitud. Hay muchos que reciben la Santa Comunión sin comprender esa inmensidad que están recibiendo. Por eso es tan importante recapacitar si estamos lo suficientemente preparados para recibir el Cuerpo y la Sangre de Cristo.

Las murmuraciones entre los judíos que escuchó el Señor nos confirma lo que muchos ya sabemos. No hay que mirar con mucho detenimiento a nuestro alrededor para observar esta misma actitud. Hoy en día también hay personas que les cuesta, ó no quieren, reconocer las buenas cualidades que otras personas tienen. Cuando las ven, incluso las desprecian. Esta actitud, por desgracia, a veces la observamos en personas que son parte de nuestro entorno. En este aspecto la raza humana no ha cambiado mucho desde los tiempos de Jesús. Él mismo tuvo que vivir todo esto. Es obvio que el cristiano, si quiere recibir el Cuerpo de Cristo en gracia y con dignidad, tendrá que rechazar estos malos sentimientos. Si no puede alegrarse de las cosas buenas del prójimo, tendrá que pedir ayuda a Dios para que le quite ese defecto que, además, es pecado.

Como seres humanos tenemos muchas flaquezas y muchas debilidades. Pero recordemos que el Sacramento de la Eucaristía siempre nos espera para fortalecernos. Debemos recibirlo con devoción, convencidos de que realmente estamos recibiendo, como nos lo asegura Nuestro Señor, "el Pan de Vida". Él nos afirma que ese Pan que nos da es su propia carne "para la vida del mundo".

Nineteenth Sunday of Ordinary Time
Cycle B Book 1
Readings: 1) 1 Kings 19:4-8 2) Ephesians 4:30 – 5:2 3) John 6:41-51

The Gospel Reading tells us how the Jews criticized Jesus when they heard Him say, "I am the bread that came down from heaven." They began to murmur against Him saying, "Do we not know your mother and your father? How can you say to us now that you came down from heaven?" The Lord, as was His custom, did not get angry nor did He argue. He only admonished them saying, "Do not criticize." And He continued, saying, "I am the living bread that has come down from heaven. Whoever eats this bread will live forever."

Today, the Gospel Reading shows whoever listens to it attentively and meditates on it, the need that the world has to know Jesus in the Holy Eucharist. This society needs the Bread of Life that Christ offers us. This heavenly delicacy is nourishment and, through grace, it gives supernatural life. The Second Vatican Council rightfully proclaims that the Holy Eucharist is "the source and summit of all Christian life (*Lumen gentium, 11).* It contains the spiritual wealth of the Church, in other words Christ Himself, our Bread of Life.

We see in church a great number of people who receive the Body and Blood of Christ. This should be a source of great joy for all Christians. But we also see that there are very few people receiving the Sacrament of Reconciliation. Seeing this inequality, one can only ask, "What is going on here?" Well, what is going on is that this society has lost its sense of sin. And even though the world is overflowing with evil, to many nothing seems to be sinful. Others see the Eucharist as something symbolic. They receive the Holy Eucharist but they do not believe they are receiving the Body and Blood of Christ. That is why we see in them so little respect for what they are receiving. Their behavior leaves much to be desired. We should all reconsider, asking ourselves, "When I go to receive the Holy Eucharist, am I well prepared to receive this greatness?" Whoever is well prepared will show through his or her attitude that he or she believes that Jesus Christ is the Living Bread come down from heaven. But, unfortunately, very few people show this attitude. There are many who receive Holy Communion without understanding the immensity of what they are receiving. That is why it is so important for us to consider if we are sufficiently prepared to receive the Body and Blood of Christ.

The murmuring among the Jews who heard the Lord confirms what many of us already know. We don't have to look too far around us to see this same attitude. Today there are also people for whom it is difficult to, or maybe they just don't want to, recognize good qualities in other people. When they see them, they even look down on them. This attitude, unfortunately, we see in the people who surround us. In this aspect, the human race has not changed much since Jesus' times. He had to live through all of this. It is obvious that a Christian, if he or she wants to receive the Body of Christ in a state of grace and with dignity, has to reject those bad feelings. If he or she cannot feel joy over the good things that happen to his or her neighbor, he or she will have to ask for God's help to take away this defect which is also a sin.

As human beings, we have many weaknesses. But we should remember that the Sacrament of the Eucharist awaits us to strengthen us. We should receive it with devotion, convinced that we are truly receiving, as Our Lord assures us, "the Bread of Life." It is He who confirms to us that this Bread that He gives us is His own flesh, "for the life of the world."

Vigésimo Domingo del Tiempo Ordinario
Ciclo B Tomo 1
Lecturas: 1) Proverbios 9, 1-6 2) Efesios 5, 15-20 3) Juan 6, 51-58

Este es el tercer domingo consecutivo en que escuchamos en el Evangelio las palabras que Jesús pronunció en Cafarnaún sobre su Cuerpo y su Sangre. San Juan fue el que nos dejó escritas estas palabras de Jesús tan bellas que forman la base de la creencia de nuestra Iglesia sobre la Presencia Real de Cristo en la Sagrada Eucaristía. El mismo Cristo dijo, "Yo soy el pan vivo bajado del cielo; el que coma de este pan vivirá para siempre. Y el pan que yo daré es mi carne, para la vida del mundo". Cuando los judíos oyeron estas palabras asombrosas de Jesús comenzaron a murmurar. Y disputando entre sí, se preguntaban, "¿Cómo puede éste darnos a comer su carne?" Sin embargo, Nuestro Señor, al escucharles, no se retractó. Siguió asegurándoles que el que come su carne y bebe su sangre tiene vida eterna.

Al escuchar estas palabras, no queda más remedio que preguntarse, si estamos comiendo su Carne y bebiendo su Sangre los cristianos, ¿cómo es que hay muchos que siguen tan débiles espiritualmente? Lo que dice el Evangelio nos invita a una seria reflexión personal. Debemos preguntarnos: Cuando en la Santa Misa recibo la Santa Comunión, ¿creo firmemente que realmente estoy comiendo la Carne de Cristo y bebiendo su Sangre?

No es difícil creer que nos alimentamos de la Palabra de Dios. Hay muchos cristianos que no son católicos que creen eso. Pero creer que comemos la Carne de Cristo y bebemos su Sangre, a muchos, les resulta poco menos que imposible de creer. Sin embargo es el mismo Cristo quien asegura que en cada Santa Misa, mediante la consagración, el pan y el vino se convierten en su Carne y en su Sangre. Es por esta razón que al recibirle en gracia nos fortalece, nos aumenta la fe y nos ayuda a ir conociendo y amando más este sacramento.

Con pesar comprobamos que muchos ya no creen las palabras que el mismo Cristo dijo, "mi carne es verdadera comida y mi sangre es verdadera bebida". Un cristiano que no cree estas palabras no puede ser alimentado por este sacramento mientras no cambie su actitud y pueda creer. Si algunos católicos no despreciarían una invitación a un banquete en la casa de algún personaje importante, ¿Cómo pueden despreciar la invitación que el Señor les hace a participar al convite celestial? Estas personas deben saber que al despreciar esta invitación están cometiendo una gran equivocación. Y si no rectifican, más tarde quizás, lo tendrán que lamentar porque algún día tendrán que verse cara a cara con Nuestro Salvador.

Desde los primeros años de su existencia, nuestra Iglesia ha enseñado que la Sabiduría es la personificación de Nuestro Señor, Jesucristo, en el Antiguo Testamento. Debido a eso, las palabras que hemos escuchado en la Primera Lectura son tan importantes. La Sabiduría dice, "Venid a comer de mi pan y a beber el vino que he mezclado. Dejad la inexperiencia y viviréis, seguid el camino de la prudencia". La Sabiduría, que es el mismo Cristo, nos pide que busquemos el camino de la prudencia, que comamos su pan y bebamos su vino.

Solamente si somos humildes y tenemos fe creeremos firmemente que Cristo está presente, con su Cuerpo y su Sangre, en la Sagrada Eucaristía. Mostremos con nuestra actitud, al recibir la Sagrada Comunión, que realmente creemos que Jesucristo, Nuestro Señor, es el "pan vivo bajado del cielo".

Twentieth Sunday of Ordinary Time
Cycle B Book 1
Readings: 1) Proverbs 9:1-6 2) Ephesians 5:15-20 3) John 6:51-58

This is the third consecutive Sunday on which we hear in the Gospel Reading the words that Jesus pronounced in Capernaum about His Body and Blood. Saint John was the one who wrote down these beautiful words of Jesus that form the basis for the belief of our Church about the Real Presence of Christ in the Holy Eucharist. Christ Himself said, "I am the living bread come down from heaven; whoever eats of this bread will live forever. And the bread that I give is my flesh, for the life of the world." When the Jews heard these surprising words of Jesus they began to murmur. And, arguing among themselves, they asked, "How can you give us your flesh to eat?" But Our Lord, when He heard them, did not back down. He continued to assure them that whoever eats His flesh and drinks His blood will have eternal life.

As we listen to these words, we can only ask ourselves, if we Christians are eating His Flesh and drinking his Blood, how is it that there are so many people who remain spiritually weak? What the Gospel Reading says invites us to serious personal reflection. When in the Holy Mass I receive Holy Communion, do I firmly believe that I am really eating the Flesh of Christ and drinking His Blood?

It is not difficult for us to believe that we are nourished by the Word of God. There are many Christians who are not Catholic who believe that. But to believe that we eat the Flesh of Christ and drink His Blood, for many, seems to be just about impossible to believe. Nevertheless, it is Christ Himself who assures us that in every Holy Mass, through the consecration, the bread and the wine are transformed into His Flesh and Blood. It is for this reason that when we receive Him in a state of grace, He strengthens us, builds up our faith and helps us to know and love this sacrament more.

With sadness, we see that many still do not believe the words that Christ Himself said, "my flesh is true food and my blood is true drink." A Christian who does not believe these words cannot be nourished by this sacrament until there is a change in attitude and he or she can believe. If some Catholics would not turn down an invitation to a banquet in the home of some important person, how is it that they turn down the invitation that the Lord gives to them to participate in the heavenly banquet? These people should know that by rejecting this invitation they are committing a great mistake. And if they do not rectify it, later on they may be sorry for doing so because some day they will have to see Our Savior face to face.

From the first years of her existence, our Church has taught that Wisdom is the personification of Our Lord, Jesus Christ, in the Old Testament. Because of this, the words that we heard in the First Reading are so very important to us. Wisdom says, "Come eat of my bread and drink of the wine I have mixed. Renounce inexperience and you will live, follow the path of prudence." Wisdom, who is Christ himself, asks us to seek the path of prudence, to eat of His bread and drink of His wine.

Only if we are humble and if we have faith will we firmly believe that Christ is present, in His Body and Blood, in the Holy Eucharist. Let us show with our attitude, as we receive Holy Communion, that we really believe that Jesus Christ, Our Lord, is the "living bread come down from heaven."

Vigésimo Primer Domingo del Tiempo Ordinario
Ciclo B Tomo 1
Lecturas: 1) Josué 24, 1-2. 15-17. 18b 2) Efesios 5, 21-32 3) Juan 6, 60-69

El hecho más significativo en la historia de la salvación del género humano es la Alianza que Dios hizo con su pueblo. Es a través de esta Alianza que cada miembro del Pueblo de Dios reafirma su compromiso a serle fiel y a servirle. A la vez, Dios también reafirma su fidelidad y su promesa de proteger a su pueblo, mientras ellos le sean fieles.

Fue Abrahán quien hizo esta Alianza con Dios por primera vez en la historia de la humanidad. Durante las generaciones siguientes, el Pueblo de Dios siguió renovando esta Alianza. La Primera Lectura dice que cuando llegaron las tribus de Israel a la Tierra Prometida, Josué los reunió y les comunicó la gran noticia, diciéndoles que su larga peregrinación había llegado a su fin. Les advirtió que antes de entrar y apoderarse de la Tierra Prometida, tenían que tomar una seria decisión: seguir a los dioses paganos, como lo habían hecho sus antepasados, y como lo estaban haciendo los que habitaban las tierras de las que se iban a apoderar, ó seguir al Dios verdadero. Les aclaró, con firmeza, "Yo y mi casa serviremos al Señor". Todo el pueblo unido respondió, "¡Lejos de nosotros abandonar al Señor para servir a dioses extranjeros! También nosotros serviremos al Señor: ¡es nuestro Dios!".

En el Evangelio, San Juan narra un momento importante de la vida de los Apóstoles. Jesús había dicho a los judíos allí reunidos, "Mi carne es verdadera comida y mi sangre es verdadera bebida" (Juan 6, 55). Estas palabras no solamente sorprendieron a muchos sino que, además, les escandalizaron. Les parecieron duras e incomprensibles. La fe que tenían en Cristo no era suficientemente fuerte. Y muchos de ellos decidieron dejar de seguirle. No podían creer lo que afirmaba: que Él era la Palabra de Dios Hecha Carne. Los apóstoles habían seguido al Maestro por largo tiempo. Y aunque no comprendían muchas de las cosas que les iba diciendo, lo amaban y lo conocían mejor que muchos de los que se marcharon. Seguramente a ellos también les dejó confusos las palabras que acababan de escuchar. Pero en ese momento tendrían que tomar la decisión más importante de sus vidas: seguir a Cristo ó dejarlo.

Para Nuestro Señor nada hay oculto. Él conoce nuestros pensamientos y todo lo que llevamos en nuestros corazones, lo mismo en aquellos tiempos que en la actualidad. Por eso adivinó ese día que muchos lo criticaban y pensaban abandonarlo. No querían aceptar lo que Jesús enseñaba. Entonces notó que los apóstoles estaban preocupados y que también tenían dudas sobre lo que Él había dicho. Quiso asegurarse, escuchando de los mismos apóstoles, lo que pensaban ellos. Entonces les dijo a los doce, "¿También vosotros queréis marcharos?". Pedro nos deja ver, como en muchas ocasiones, su espontaneidad. A pesar de sus dudas, la fe y el amor que sentía por el Mesías le hizo contestar, "Señor, ¿a quién vamos a acudir? Tú tienes palabras de vida eterna... ". Seguramente que las palabras de Pedro causaron al Señor gran alivio. Los apóstoles lo habían conocido por largo tiempo. Y sabían que les era imposible dejarlo. Necesitaban estar con Él y escuchar las palabras que dan vida. Sabían que sin Él se encontrarían perdidos y que sus vidas no tendrían sentido.

Seguramente que también hay ahora personas que siguen encontrando duras las enseñanzas de Cristo. Y muchos hasta se resisten a creerlas. Puede ser que, alguna vez, incluso nosotros hemos pasado momentos de dudas y de crisis en nuestra fe. Si tenemos momentos de incertidumbre, debemos preguntarnos, como lo hizo San Pedro, "¿A quién vamos a acudir?". Cristo es el único que tiene palabras de vida eterna y el único que nos puede salvar.

Twenty First Sunday of Ordinary Time
Cycle B Book 1
Readings: 1) Joshua 24:1-2, 15-17, 18b 2) Ephesians 5: 21-32 3) John 6:60-69

The most significant event in the salvation history of the human race is the Covenant that God made with His people. It is through this Covenant that each member of the People of God confirms his or her promise to be faithful to Him and to serve Him. At the same time, God also confirms His fidelity and His promise to protect His people, as long as they remain faithful.

It was Abraham who made this Covenant with God for the first time in the history of humanity. During the following generations, the People of God continued to renew the Covenant. The First Reading says that when the tribes of Israel reached the Promised Land, Joshua gathered them together and gave them the great news, telling them that their long pilgrimage had come to an end. He warned them that before entering and taking control of the Promised Land, they had to make a serious decision: to follow the pagan gods, as their ancestors did and as did those who inhabited the lands they were about to take over, or to follow the true God. He explained, firmly, "As for me and my house, we will serve the Lord." All of the people responded together, "Far from us to abandon the Lord to serve foreign gods! We also will serve the Lord: he is our God!"

In the Gospel Reading, Saint John tells us about an important moment in the life of the apostles. Jesus had said to the Jews gathered together, "My flesh is true food and my blood is true drink" (John 6:55). These words not only surprised many but, moreover, scandalized them. They appeared to them to be hard to understand and incomprehensible. The faith that they had in Christ was not strong enough. And many of them decided to stop following Him. They could not believe what He was saying: that He was the Word of God Made Flesh. The apostles had followed the Master for a long time. And even though they did not comprehend many of the things that He said, they loved Him and knew Him better than many of those who left. Surely, the words that they had just heard confused them. But at that moment they had to make the most important decision of their lives: to follow Christ or abandon Him.

For Our Lord there is nothing hidden. In His own times and today, He knows our thoughts and everything that goes on in our hearts. That is why He knew that on that day many would criticize Him and abandon Him. They did not want to accept what Jesus taught. Then He noted that the apostles were worried and that they also had doubts about what He had just said. He wanted to make sure, listening to the apostles themselves, of what they thought. So He said to the twelve, "Do you also want to go away?" Peter shows us, as He has on many occasions, His spontaneity. In spite of the doubts, the faith and love He felt for the Messiah made Him answer, "Lord, to whom shall we go? You have the words of eternal life." Surely, these words of Peter were a relief to the Lord. The apostles had known Him for a long time. And they knew that it was impossible for them to leave Him. They needed to be with Him and listen to the words that give life. They knew that without Him they would be lost and that their lives would not make sense.

There are surely people today who continue to find that the teachings of Christ are hard. And many even refuse to believe them. It could be that, sometimes, we have also had moments of doubt and of crisis in our faith. If we have moments of incertitude, we should ask ourselves, as Saint Peter did, "To whom can we go?" Christ is the only one who has words of eternal life and the only one who can save us.

Vigésimo Segundo Domingo del Tiempo Ordinario
Ciclo B Tomo 1
Lecturas: 1) Deuteronomio 4, 1-2. 6-8 2) Santiago 1, 17-18. 21b-22. 27 3) Marcos 7, 1-8. 14-15. 21-23

Este domingo, el Evangelio nos habla de la hipocresía de las personas que, como los Fariseos, se purifican en lo exterior, descuidando lo fundamental, la pureza de corazón. En los tiempos de Jesús, los judíos, especialmente los Fariseos, observaban muchas tradiciones, entre ellas, lavarse las manos antes de cada comida y purificarse cuando llegaban de la calle a casa. Aunque esta limpieza exterior es digna de imitar, no debemos olvidar que lo primero de todo es la pureza de alma.

Hemos oído en el Evangelio que un grupo de Fariseos, con algunos escribas de Jerusalén, observaron que los discípulos de Jesús comían sin lavarse las manos. Al ver esto, le preguntaron, "¿Por qué comen tus discípulos con manos impuras y no siguen la tradición de los mayores?".

Los Fariseos eran miembros de una secta judía. Muchos de ellos aparentaban cumplir todas las exigencias de la Ley de Moisés, jactándose de que eran más puros y mejores que cualquiera que no pertenecía a su grupo. Tenían por costumbre hablar mal de los que no eran Fariseos y despreciarlos. Esto es curioso, porque muchos de ellos solo cumplían la Ley cuando se sentían observados. Ese fue el motivo por el que Jesús les llamó hipócritas. Y les dijo más: "Bien profetizó Isaías de vosotros, hipócritas, como está escrito: 'Este pueblo me honra con los labios pero su corazón está lejos de mí.'… Dejáis a un lado el mandamiento de Dios para aferraros a la tradición de los hombres"

Desde los tiempos de los apóstoles hasta nuestra época, comprobamos que siguen ocurriendo las mismas cosas. Aunque no tenemos las tradiciones que tenían los judíos, en nuestras costumbres y maneras también hay hipocresía. A muchas personas, se les ve muy preocupadas por la ropa bonita y por una apariencia exterior digna. Pero yo les pregunto: ¿Y su alma? ¿Tratan de mantenerla limpia? Pureza de alma es lo que nos pide Jesús a todos sus seguidores. Él quiere que, lo mismo que hacemos con la ropa para agradar a la gente, lo hagamos con nuestra alma para agradarle a Él. Lo que quiere de nosotros es que con frecuencia hagamos una limpieza interior. Así que, primeramente, limpiémonos por dentro. Y después arreglémonos con ropa digna y decente, especialmente para ir a la Iglesia. Las dos cosas son un complemento que agrada a Dios.

Después de amonestar a los Fariseos, el Señor se puso otra vez a hablar a la gente. Y les dijo, "Nada que entre de fuera puede hacer al hombre impuro. Lo que sale de dentro es lo que hace impuro". Y eso no lo dijo solamente para los de aquellos tiempos. Esto también es para los tiempos actuales. A nosotros nos dice las mismas cosas. Del corazón del hombre sale toda la maldad que ofende a Dios: fornicación, robos, homicidios, codicias, adulterios, injusticias, fraudes, desenfreno, envidia, difamación, orgullo, frivolidad. Todo esto es pecado. Y el pecado nos hace impuros.

El cristiano debe ser fiel a las enseñanzas de Cristo. El Apóstol Santiago, en la Segunda Lectura, dice que debemos aceptar dócilmente la palabra que ha sido plantada en nosotros y que es capaz de salvarnos. El apóstol deja bien claro que no basta con escucharla y, después, olvidarla y no ponerla en práctica. Si, cuando salimos de la Iglesia, ya ni siquiera nos acordamos de que trataban las lecturas de la Misa, ¿cómo vamos a poder ponerlas en práctica? Por eso hay que escucharlas con atención, y tratar de retenerlas en la mente y en el corazón.

Twenty Second Sunday of Ordinary Time

Cycle B Book 1

Readings: 1) Deuteronomy 4:1-2, 6-8 2) James 1:17-18, 21b-22, 27 3) Mark 7:1-8, 14-15, 21-23

This Sunday, the Gospel Reading talks to us about the hypocrisy of people who, like the Pharisees, purify their exterior, neglecting what is fundamental, purity of heart. In Jesus' times, the Jews, especially the Pharisees, observed many traditions, among them washing their hands before every meal and purifying themselves upon returning home from the street. Even though this exterior cleanliness is worthy of imitation, we should not forget that more importantly there is purity of the soul.

We heard in the Gospel Reading that a group of Pharisees, with some scribes from Jerusalem, observed that Jesus' disciples ate without washing their hands. Upon seeing this, they asked Him, "Why do your disciples eat with impure hands and do not follow the tradition of the elders?"

The Pharisees were members of a Jewish sect. Many of them outwardly observed all of the demands of the Law of Moses, boasting about being the most pure and better than anyone who did not belong to their group. They customarily talked badly about those who were not Pharisees and looked down on them. This is curious, because many of them only observed the Law when they were being watched. That was the reason that Jesus called them hypocrites. And He said more of them: "Well did Isaiah prophesy about you, hypocrites, as is written: 'This people honor me with their lips, but their hearts are far from me'… You disregard the commandment of God so as to cling to the tradition of men."

From the times of the apostles up to our times, we see that these same things continue to happen. Even though we do not hold the same traditions as the Jews, in our customs and manners hypocrisy also exists. Many people seem to be very worried about pretty clothes and a worthy exterior appearance. But I ask you: What about your soul? Do you try to maintain it clean? Purity of soul is what Jesus asks of His followers. He wants us to make our soul pleasing to Him, just as we use clothes to be pleasing to people. What He asks of us is that we frequently cleanse our interior. So, first, let us clean ourselves inside. And afterwards we can dress up with dignified and decent clothes, especially for when we go to Church. The two things complement each other and are pleasing to God.

After warning the Pharisees, the Lord began to speak to the people again. And He said to them, "Nothing that enters from outside can make a man impure. What comes out from the inside is what makes him impure." And He did not say this only for those times. This is also for modern times. To us He says the same things. From the heart of a person comes all of the evil that offends God: fornication, robbery, homicide, greed, adultery, injustice, fraud, licentiousness, envy, defamation, pride, folly. All of these are sins. And sin makes us impure.

A Christian should be faithful to the teachings of Christ. The apostle, James, in the Second Reading, says that we should calmly accept the Word that has been planted in us and that can save us. The apostle says very clearly that it is not enough to hear it and afterwards forget it and not put it into practice. If when we leave the Church, we don't even remember what the Readings of the Mass said, how can we put them into practice? That is why we have to listen attentively, and try to retain them in our mind and in our heart.

Vigésimo Tercer Domingo del Tiempo Ordinario
Ciclo B Tomo 1
Lecturas: 1) Isaías 35, 4-7a 2) Santiago 2, 1-5 3) Marcos 7, 31-37

El Evangelio de San Marcos nos relata que Jesús dejó el territorio de Tiro, que actualmente es una ciudad del sur de Líbano. Pasó por Sidón, camino del Lago de Galilea, atravesando la región de Decápolis, palabra griega que quiere decir "diez pueblos". Esta región fue llamada así por los diez pueblos paganos que hubo allí. Se había alejado del territorio judío porque se sentía vigilado por los Fariseos y las autoridades judías. Suponemos que también deseaba extender la palabra entre los paganos que vivían en aquella área. Las regiones de Tiro, Sidón y Decápolis eran de mayoría pagana. Es curioso pero precisamente en estas regiones paganas fue donde el Señor encontró más fe entre la gente: fe en Él y también en su ministerio.

Hoy el Evangelio nos narra la curación de un sordomudo que, por su condición física, fue llevado hasta el Señor por otras personas. Los que acompañaban al enfermo le pidieron a Jesús que le impusiera las manos y lo curara. El Señor vio mucha fe en estas personas que portaban al sordomudo, así que lo llevó aparte y lo curó. Y les rogó con insistencia que no lo dijeran a nadie. Pero cuanto más se lo mandaba, "con más insistencia lo proclamaban ellos". Cada vez que San Marcos usa la palabra "proclamar", quiere decir pregonar el Evangelio. Al decir San Marcos que los de Sidón "proclamaban" con insistencia el milagro realizado por Jesús, está diciendo que hasta los paganos entendían la misión salvífica de Jesús y lo estaban pregonando. Al curar a varios enfermos en aquella región pagana, el Señor enseña claramente que no solo vino a salvar al Pueblo Elegido, a los judíos, sino a la humanidad entera.

Todos sabemos que en la actualidad los sordomudos tienen muchas posibilidades de poder integrarse en la sociedad. En los tiempos de Cristo estas posibilidades no existían. Pero aunque la sordera física es algo muy serio, sabemos que la sordera más seria y penosa que puede padecer un ser humano, es no querer escuchar nada de Dios. Notamos muchas veces, en reuniones familiares, con amigos e incluso en el trabajo, que cuando hablamos de Dios hay personas que nos hacen sentir como si habíamos dicho ó hecho algo malo. De improviso, podemos sentirnos atacados y comprobamos que oír hablar de Dios enfurece a muchas personas. Uno se sorprende. Y piensa, "¿qué he dicho para que estas personas reaccione de esta manera, se enfaden y se pongan tan en contra?". El motivo es sencillo. Esas personas no quieren oír nada de Dios, de la Iglesia, ni de religión. Tenemos que ser previsores y tratar de estar preparados para semejantes situaciones embarazosas. Porque, a pesar de ser atacados, tenemos que seguir hablando de Dios en todo lugar y en cualquier situación, demostrando que nosotros seguimos a Dios y que no podemos dejar de hablar de Él.

En la Primera Lectura, el profeta Isaías anima a los judíos desterrados en Babilonia con estas palabras: "Decid a los cobardes de corazón: 'Sed fuertes, no temáis'". Lo que les estaba diciendo era que aunque vivían desterrados y rodeados de paganos, no debían tener miedo porque Dios estaba con ellos. El Señor vendrá personalmente y traerá la salvación a todos los que le hayan sido fieles. Estas palabras del profeta, escritas hace más de 2,700 años, son importantes para nosotros. En esta sociedad que trata, por todos los medios, de convencernos que solamente se debe hablar de Dios los domingos y dentro de las iglesias, debemos demostrar que, en las cosas de Dios, no nos dejamos avasallar y que nunca nos van a enmudecer. Nuestra fe necesita ser demostrada. San Pablo dijo que tenemos la obligación, "ante Dios y ante Cristo Jesús", de proclamar la palabra, "a tiempo y a destiempo" (2 Timoteo 4, 1-2). Pongámoslo en práctica.

Twenty Third Sunday of Ordinary Time
Cycle B Book 1
Readings: 1) Isaiah 35:4-7a 2) James 2:1-5 3) Mark 7:31-37

The Gospel according to Saint Mark tells us that Jesus left the territory of Tyre, which today is a city in southern Lebanon. He passed through Sidon, on the way to the Sea of Galilee, going through the region of Decapolis, a Greek word that means "Ten towns." This region was named this way because of the ten pagan towns that were located there. He had distanced himself from the Jewish territory because He felt that He was being watched by the Pharisees and the Jewish authorities. We suppose that He also wanted to spread the word among the pagans that lived in that area. The regions of Tyre, Sidon and Decapolis were mostly pagan. What is curious is that it was precisely in these pagan regions that the Lord encountered more faith among the people: faith in Him and in His ministry.

Today, the Gospel Reading tells us about the healing of a man who was deaf and mute and who, because of his physical condition, had to be taken to the Lord by other people. Those who accompanied the sick man begged Jesus to lay His hands on the man and cure him. The Lord saw much faith in the people who brought the deaf-mute, so He took him aside and cured him. And He pleaded with them insistently that they should not tell anyone. But the more He asked them "the more they proclaimed it." Each time that Saint Mark uses the word, "proclaim," he means proclaiming the Gospel. When Saint Mark says that those people in Sidon "proclaimed" insistently the miracle that Jesus had performed, he is saying that even the pagans understood the salvific mission of Jesus and they proclaimed it. By healing various sick people in that pagan region, The Lord shows clearly that He not only came to save the Chosen People, the Jews, but all of humanity.

We all know that today those who are deaf and mute have many more possibilities of integrating themselves into society. In Christ's times these possibilities did not exist. But even though physical deafness is very serious, we know that the deafness that is most serious and painful that a human being can suffer, is not wanting to hear anything about God. We note many times, in family reunions, with friends, and even at work, that when we talk about God there are people who make us feel as if we had said or done something wrong. Suddenly, we feel that we are attacked and we can see that hearing someone talk about God infuriates many people. This is surprising. And we think, "What did I say to make these people react this way, get angry and oppose me?" Their motive is simple. These people do not want to hear anyone talk about God, the Church or about religion. We have to be careful and try to be prepared for similar embarrassing situations. Because, in spite of being attacked, we have to continue to talk about God everywhere and in any situation, showing that we follow God and that we will not stop talking about Him.

In the First Reading, the prophet Isaiah encourages the Jews exiled in Babylon with these words: "Tell the cowards of heart: 'Be strong, do not fear.'" What he is saying is that even though they live in exile and surrounded by pagans, they should not fear because God is with them. The Lord will come personally and bring salvation to those who have been faithful. These words of the prophet, written more than 2,700 years ago, are important for us. In this society that tries, by all means, to convince us that we can only talk about God on Sundays and in Church, we should show that, in the things that pertain to God, we will not be subdued and we will not be silenced. Our faith needs to be shown. Saint Paul said that we have the obligation, "before God and before Christ Jesus," to proclaim the word, "whether it is convenient or inconvenient" (2 Timothy 4, 1-2). Let us put that into practice.

Vigésimo Cuarto Domingo del Tiempo Ordinario
Ciclo B Tomo 1
Lecturas: 1) Isaías 50, 4-9a 2) Santiago 2, 14-18 3) Marcos 8, 27-35

El Evangelio muestra cómo Jesús se dirigía con sus discípulos a una región llamada Cesarea de Filipo. De improviso les preguntó "¿Quién dice la gente que soy yo?" Los apóstoles le dijeron las diferentes opiniones que habían escuchado de la gente. Lo que estaba haciendo el Señor era probar la fe de sus seguidores más cercanos. Por eso les volvió a peguntar, "¿Y vosotros, quien decís que soy?" Pedro, con su impulsividad de siempre, fue el primero en contestar: "Tú eres el Mesías". El Señor estaba preparando a los apóstoles para que, por mediación de ellos, la continuidad de su Iglesia estuviera asegurada. Pensamos que la respuesta de Pedro le agradó.

Por esta contestación que dio Pedro, podemos observar que su fe estaba creciendo y que el Señor lo conocía muy bien. Por algo le hizo cabeza de su Iglesia. Pedro, como todos sabemos, fue la piedra sobre la cual se edificó nuestra Iglesia Católica. Jesús sabía que la comunidad que estaba fundando, la Iglesia, se iría edificando poco a poco. Y, debido a eso, necesitaría ser guiada por los apóstoles y sus sucesores, un grupo de personas totalmente dedicadas a Él. Nuestra misión, como cristianos, es seguir edificando la Iglesia que Cristo fundó. Como los apóstoles, tenemos que entregarnos a esta tarea con ahínco, decisión y valentía, especialmente ahora, en estos tiempos, cuando hay tanta gente atacando a la Iglesia y tan pocas personas, incluso católicos, defendiéndola.

Después de escuchar la respuesta de Pedro, Jesús comenzó a explicarles lo que Él tendría que padecer en Jerusalén. Les dijo que las autoridades judías le harían sufrir mucho y hasta le darían muerte. Pero también les aseguró que Él resucitaría. Cuando Pedro escuchó decir todas estas cosas, no pudo contenerse. Estaba conociendo poco a poco al Maestro como Mesías, así que no podía admitir que alguien le iba a maltratar y hasta ejecutar. Por eso Pedro llevó al Señor aparte y se puso a increparlo. Al escuchar a Pedro, el Señor le reprendió enérgicamente diciéndole, "Quítate de mi vista, Satanás. Tú piensas como los hombres, no como Dios".

Podemos preguntarnos, ¿por qué se enfadó el Señor? Pedro, lo único que trataba era de defender a su Maestro y que nadie le hiciera daño. Pero lo que nosotros pensamos no siempre es lo que piensa Dios. En este caso, Jesús vio que Pedro se interponía entre Él y la misión que había traído y que tenía que realizar.

Si lo pensamos, vemos que la postura de Pedro es comprensible. Se inquietó cuando escuchó decir al Señor que sería ejecutado. Todavía su fe no era tan fuerte como para comprender lo que le estaba explicando su Maestro: que para llegar a la gloria de la resurrección, tendría que pasar por la vergüenza de la crucifixión.

En la Segunda Lectura, Santiago recalca que para un cristiano no basta con decir que tiene fe, hay que demostrarlo con hechos. Si tuviéramos la fe que el Señor nos pide, veríamos que la mejor manera de manifestarla es cargando con la cruz, ofreciendo nuestros sufrimientos a Dios Padre, como lo hizo Jesús. Los cristianos tenemos la capacidad de poder aceptar las cruces de cada día: el dolor, la enfermedad y el rechazo. Sabemos que la muerte no es el final de la vida. Creemos en la vida eterna y en la resurrección. Dios nos invita a tomar nuestra cruz con decisión y con fe. Nuestra vida debe ser una ofrenda continua y permanente a Dios. Solamente de esa manera podremos seguirle como Él nos pide.

Twenty Fourth Sunday of Ordinary Time
Cycle B Book 1
Readings: 1) Isaiah 50:4-9a 2) James 2:14-18 3) Mark 8:27-35

The Gospel Reading shows us how Jesus, together with His disciples, was making His way to a region named Caesarea Philippi. Unexpectedly, He asked them, "Who do the people say that I am?" The apostles gave Him the different opinions that they had heard from the people. What the Lord was doing was probing the faith of His closest followers. That is why He asked again, "And you, who do you say I am?" Peter, with his customary impulsiveness, answered Him: "You are the Messiah." The Lord was preparing the apostles so that, through them, the continuity of His Church would be guaranteed. That is why we believe that Peter's answer pleased Him.

The answer that Peter gave shows us that his faith was growing and that the Lord understood him well. That was the reason that He made him the head of the Church. Peter, as we all know, was the rock on which our Catholic Church was built. Jesus knew that the community that He was in the process of founding, the Church, would be built up little by little. Because of this, it would need to be guided by the apostles and their successors, a group of people totally dedicated to Him. Our mission, as Christians, is to continue to build up the Church that Christ founded. Like the apostles, we have to devote ourselves to this task with urgency, decision and valor, especially now, in these times, when there are so many people who attack the Church and so few people, including Catholics, who defend her.

After listening to Peter's answer, Jesus began to explain to them how He would have to suffer in Jerusalem. He told them that the Jewish authorities would make Him suffer greatly and would even hand Him over to be killed. But He also assured them that He would rise from the dead. When Peter heard all of these things, he could not hold himself in check. He was beginning to know the Lord, little by little, as the Messiah, so he could not admit that someone would want to mistreat Him and even execute Him. That is why Peter took the Lord aside and began to scold Him. When He heard Peter, the Lord reprimanded him forcefully saying, "Get out of my sight, Satan. You think like men do, not like God."

We can ask ourselves, why did the Lord get angry? The only thing that Peter wanted to do was defend his Master so that no one would harm Him. But what we think is not always what God thinks. In this case, Jesus saw that Peter was interposing himself between Him and the mission that He had brought and that He had to fulfill.

If we think about it, we see that Peter's attitude is understandable. He was disturbed when he heard the Lord say that He was going to be executed. His faith was still not sufficiently strong enough to understand what the Master was explaining to him: that in order to reach the glory of the Resurrection, He would have to go through the shame of the Crucifixion.

In the Second Reading, Saint James emphasizes that for a Christian it is not enough to say that he or she has faith; it has to be demonstrated through works. If we had the faith that the Lord asks of us, we would see that the best way to show it is to carry the cross, offering our sufferings to God the Father, as Jesus did. We Christians have the ability to accept the crosses of each day: pain, sickness, and rejection. We know that death is not the end of life. We believe in eternal life and in the resurrection. God invites us to take up our cross with decision and with faith. Our life should be a continuous and permanent offering to God. Only in this way can we follow Him as He asks.

Vigésimo Quinto Domingo del Tiempo Ordinario
Ciclo B Tomo 1
Lecturas: 1) Sabiduría 2, 12. 17-20 2) Santiago 3, 16 – 4, 3 3) Marcos 9, 30-37

El Evangelio relata que Jesús y sus discípulos atravesaron Galilea. El Señor ya sabía que le quedaba poco tiempo entre los hombres y quería preparar a los apóstoles para que siguieran fielmente su obra. Por el camino fue explicándoles cómo sería su muerte y su resurrección. Les dijo que Él sería entregado en manos de los hombres y que tendría que morir para después resucitar. Toda esta explicación, para los apóstoles, era muy difícil de comprender. Se habían formado una idea completamente diferente del reino que el Mesías vino a establecer. Ellos no entendían lo que les decía y tenían miedo de preguntarle.

Seguramente, el Señor se sintió decepcionado. Les estaba explicando todo lo que tendría que pasar y que Él sabía que iba a ser cruel y muy doloroso. Y los apóstoles, sus amigos, ignorando la seriedad de lo que les estaba explicando, se pusieron a discutir sobre cuál de ellos era el más importante de todos.

Jesús ya sabía de lo que estaban deliberando mientras iban de camino hacia Cafarnaún. Fue por eso que al llegar les preguntó de qué se trataba la discusión entre ellos. Seguramente que el Señor se sintió triste. Pongámonos en su puesto. Estaba preparando a sus seguidores más íntimos para una gran misión. Y lo que le dejan ver es poco interés, poca fe y mucha ambición personal. Esto era lo opuesto de lo que Él les había enseñado: que fueran humildes, que dejaran ambiciones, ayudaran a otros y se hicieran pequeños ante los demás. Así que les dijo, con reproche, "si alguno quiere ser el primero, que sea el último de todos y el servidor de todos".

Ha pasado mucho tiempo desde lo que nos explica San Marcos en este Evangelio. Pero comprobamos que hoy en día también sigue habiendo rivalidades entre personas que buscan los primeros puestos. Sigue habiendo personas egoístas que actúan, "primero yo y siempre yo".

En la Segunda Lectura, el Apóstol Santiago previene a su comunidad contra esa actitud, diciéndoles que donde hay rivalidades, egoísmos y envidias, hay desorden. Y que allí es donde se engendra el pecado y toda clase de males. Les pregunta: "¿De dónde vienen las luchas y los conflictos entre vosotros?". Seguramente, si se encontraba el Apóstol Santiago entre nosotros hoy, nos haría la misma pregunta. Y, además, nos diría, "¡De donde vienen esas rencillas es de vuestras pasiones! Codiciáis, y precisamente por codiciar tanto, no adquirís lo que estáis buscando. Estáis ardiendo de envidia, haciendo daño a los demás. Os estáis combatiendo unos a otros. Y por esa razón no alcanzáis nada".

Hermanas y hermanos, Santiago nos enseña que en sus tiempos había muchas personas que iban haciendo el mal. Andaban con altanería, no soportaban que nadie les reprochara nada y toleraban mal al que seguía a Dios con justicia. También en esta época sigue habiendo personas como estas. Este comportamiento es completamente opuesto a lo que Cristo enseñaba y sigue enseñando. Él nos pide humildad para servir a otros. Nos recuerda que si queremos ser grandes debemos hacernos pequeños. El Apóstol Santiago dice que los que puedan adquirir la sabiduría que viene de arriba, amarán la paz, serán misericordiosos, imparciales y sinceros. Y ellos serán los que compartirán la gloria de Cristo Jesús, nuestro Señor.

Twenty-Fifth Sunday of Ordinary Time
Cycle B Book 1
Readings: 1) Wisdom 2:12, 17-20 2) James 3:16 – 4:3 3) Mark 9:30-37

The Gospel Reading relates to us that Jesus and His disciples crossed Galilee. The Lord already knew that little time was left to Him on earth and He wanted to prepare His apostles so that they would faithfully follow His work. On the road, He explained to them how His death and resurrection would take place. He told them that He would be given over into the hands of men and that He would have to die so that He could rise from the dead. All of this explanation, for the apostles, was very difficult to understand. They had formed a completely different idea of the kingdom that the Messiah had come to establish. They did not understand what He was saying and they were afraid to ask Him about it.

Surely the Lord felt disappointed. He was explaining all that would happen to Him and He knew that it would be cruel and very painful. And the apostles, His friends, ignoring the seriousness of what He was explaining, began to argue among themselves over who would be the most important among them.

Jesus already knew about what they had been deliberating on the way to Capernaum. That was the reason that when they arrived He asked them what they had been discussing. Surely the Lord was saddened. Let us put ourselves in His shoes. He was preparing his closest followers for a great mission. And what they showed Him was little interest, little faith, and much personal ambition. This was the opposite of what He had been teaching them: to be humble, to cast off ambition, to help others and to make themselves small before others. So He said to them, in a scolding manner: "Whoever wants to be first, let him be the last of all and the servant of all."

Much time has gone by since the event that Saint Mark explains to us in this Gospel Reading. But we can verify that today there continue to be rivalries among people who seek places of honor. There continue to be selfish people who say, "me first and always me."

In the Second Reading, the apostle, Saint James, warns his community against this attitude, saying to them that where there are rivalries, selfishness, and envy, there is disorder. And that is where sin and all manner of evil are engendered. He asks them, "Where do the struggles and the conflicts among you come from?" Surely, if the apostle, Saint James, was among us today he would ask us the same question. And, furthermore, he would say, "That enmity comes from your passions. You desire, and precisely because you desire so much, you do not get what you are looking for. You are burning with envy, harming others. You are fighting among yourselves."

Sisters and brothers, Saint James shows us that in his time there were many people who went around doing bad things. They walked around with arrogant attitude, they could not stand to have anyone reproach them for any reason, and they could not tolerate those who followed God righteously. In these times we also see people like that. This behavior is completely opposed to what Christ taught and continues to teach. He asks us to be humble so that we may serve others. He reminds us that if we want to be great we must make ourselves small. The apostle, Saint James, says that those who can acquire the wisdom that comes from above will love peace, will be merciful, impartial, and sincere. And these will be the ones who share in the glory of Christ Jesus, Our Lord.

Vigésimo Sexto Domingo del Tiempo Ordinario
Ciclo B Tomo 1
Lecturas: 1) Números 11, 25-29 2) Santiago 5, 1-6 3) Marcos 9, 38-43. 45. 47-48

El Evangelio que acabo de leer dice que Juan se acercó a Jesús y le dijo, "Hemos visto a uno que echaba demonios en tu nombre y se lo hemos querido impedir". Lo que ocurrió fue que los discípulos observaron que la persona que estaba expulsando demonios no pertenecía al grupo, no era uno de ellos. Cuando Jesús escuchó lo que habían hecho, mostró que no le gustó nada el comportamiento que habían empleado. Dejaban ver que no estaban aprendiendo sus enseñanzas. Él quería que siguieran su ejemplo y que pusieran en práctica lo aprendido. A los apóstoles aún les quedaba que aprender más humildad y más caridad. Después de la Ascensión de Nuestro Señor al Cielo, cuando se encargaron de llevar la comunidad cristiana recién iniciada, mostraron que sí habían aprendido todo lo que Cristo les había enseñado sobre tolerancia y aceptación. Y llevaron la Iglesia fundada por Cristo con entereza, unidad y entrega.

En la Segunda Lectura, Santiago habla de lo negativo que puede ser, para cualquier ser humano, la avaricia, la mezquindad y el deseo desordenado de poder. Amonestó seriamente a los ricos y a todos los que tenían ansia desenfrenada de dinero, sobre todo a los que lo habían adquirido defraudando a los obreros y a los marginados. Les dijo bien claramente que al estar pensando solamente en las riquezas ponían en peligro su salvación. Lo que Santiago decía es que el dinero mal adquirido nos aleja de Dios. Por el contrario, el dinero bien adquirido de nuestro trabajo y entrega, Dios lo hace crecer y lo multiplica.

La Primera Lectura es del Libro de los Números. Este es uno de los libros más antiguos de la Biblia. Narra cómo el pueblo hebreo, después de ser liberado de la esclavitud de Egipto, siguió su peregrinación hacia la Tierra Prometida. Dios escogió a Moisés y Aarón para guiar al pueblo. Después de pasar varios años en el desierto, el pueblo hebreo siguió creciendo en número y Moisés tuvo que pedir ayuda a Dios. Varios ancianos fueron escogidos para ayudar a Moisés. Todos tenían que ir a la Tienda del Encuentro, donde se manifestaba Dios, para recibir su Espíritu. Pero dos de ellos no acudieron. Y aunque se quedaron en el campamento, el Espíritu también se posó sobre ellos. Cuando Josué, el ayudante de Moisés, vio que estos dos estaban profetizando, fue corriendo y le dijo, "prohíbeselo". Moisés se negó rotundamente diciendo, "¡Ojalá todo el pueblo de Dios fuera profeta y recibiera el espíritu de Dios!". Moisés sabía que a Dios no le manda nadie y, mucho menos, le dice lo que tiene que hacer.

La Primera Lectura y el Evangelio, nos recuerdan que Dios no se limita a conceder sus dones espirituales solamente a un grupo selecto ó a personas determinadas. Concede sus dones a quien quiere, cuando quiere y como quiere. La Iglesia nos enseña que ninguna persona ni grupo de personas, absolutamente nadie, tiene el monopolio sobre la espiritualidad cristiana. Ser exclusivista en cualquier lugar, pero mucho más en la Iglesia, es más que un defecto. Es pecado. Por un comportamiento similar a este, Cristo amonestó seriamente a sus discípulos.

En la Iglesia todos somos parte del Cuerpo de Cristo. Demostraremos caridad y transigencia si tratamos a todos por igual. Un buen cristiano se distingue como tal, cuando acoge a todos con amabilidad, humildad y caridad.

Twenty Sixth Sunday of Ordinary Time
Cycle B Book 1
Readings: 1) Numbers 11:25-29 2) James 5:1-6 3) Mark 9:38-43, 45, 47-48

The Gospel Reading that I just finished reading says that John approached Jesus and said to Him, "We have seen someone who cast out demons in your name and we tried to prevent him from doing so." What happened was that the disciples observed that the person who was casting out demons did not belong to the group, was not one of them. When Jesus heard what they had done, He showed that He did not like their behavior at all. It was apparent that they had not learned from His teachings. He wanted them to follow His example and put into practice what they had learned. The apostles still had to learn more humility and more charity. After the Ascension of Our Lord into heaven, when they were charged with governing the nascent Christian community, they did show that they had learned everything that Christ had shown them about tolerance and acceptance. And they governed the Church founded by Christ with integrity, unity, and self-giving.

In the Second Reading, Saint James talks about the negative consequences, for any human being, of avarice, meanness and a disordered desire for power. He seriously warned the rich and all those who have an inordinate desire for money, especially those who had acquired it cheating workers and the needy. He told them very clearly that because they were thinking only of riches, they are endangering their salvation. What Saint James said is that money that is ill-gained distances us from God. On the other hand, money that is well earned through our work and determination will be made to grow and multiply by God.

The First Reading is from the Book of Numbers. This is one of the oldest books in the Bible. It narrates how the Hebrew people, after being freed from slavery in Egypt, continued their pilgrimage towards the Promised Land. God chose Moses and Aaron to guide the people. After having spent many years in the desert, the Hebrew people continued to grow in number and Moses had to ask God for help. Various elders were chosen to help Moses. They had to go to the Meeting Tent, where God manifested himself, so that they could receive His spirit. But two of them did not go. But, even though they stayed in camp, the Spirit also came down upon them. When Joshua, Moses' assistant, saw that these two were prophesying, he ran to him and said, "Make them stop." Moses firmly refused saying, "Would that all the people of God were prophets and received the spirit of God!" Moses knew that no one orders God about nor, much less, tells Him what He has to do.

The First Reading and the Gospel Reading remind us that God does not limit Himself to giving spiritual gifts solely to one select group or to certain people. He grants His gifts to whomever He chooses, when and how He chooses to do so. The Church teaches us that no single person or group of persons, absolutely no one, has a monopoly on Christian spirituality. Being an exclusivist in any place, but much more in the Church, is more than a defect. It is a sin. For behavior such as this, Christ seriously scolded His disciples.

In the Church, we all are part of the Body of Christ. We show charity and our willingness to compromise when we treat others as equals. A good Christian is known as such when he or she accepts others with kindness, humility and charity.

Vigésimo Séptimo Domingo del Tiempo Ordinario
Ciclo B Tomo 1
Lecturas: 1) Génesis 2, 18-24 2) Hebreos 2, 9-11 3) Marcos 10, 2-16

San Marcos nos narra, en el Evangelio, que los Fariseos se acercaron a Jesús y le preguntaron, "¿Le es lícito a un hombre divorciarse de su mujer?" Y hemos escuchado la respuesta del Señor: "Si uno se divorcia de su mujer y se casa con otra, comete adulterio contra la primera. Y si ella se divorcia de su marido y se casa con otro, comete adulterio". Dios prohíbe el divorcio. Es por eso que la Iglesia no puede aceptarlo. Dios mismo, al principio de la creación, creó el matrimonio. Y Jesucristo fue el que lo elevó a la dignidad de Sacramento. Precisamente, la dignidad del matrimonio es básica, no solamente para los cónyuges, sino también para los hijos y, sobre todo, para la propia sociedad.

Será muy importante, antes de realizar el matrimonio, conocer bien a la persona que será nuestro cónyuge para toda la vida. Hay los que creen que cuando las cosas empiecen a ir mal en su matrimonio, un divorcio arreglará todo para los dos. Y hay quienes se justifican a ellos mismos diciendo: "tengo derecho a rehacer mi vida". Estos no pueden, ó no quieren, ver que el divorcio no va a rehacer nada. El divorcio no es una solución. La Iglesia, en casos extremos, permite la separación entre cónyuges, si la convivencia ha llegado a un punto que se hace insoportable.

Para formar un buen matrimonio, lo primero que se necesita es estar con Dios. La mayoría de los fracasos matrimoniales ocurren porque la pareja van a la Iglesia solamente para hacer los cursillos prematrimoniales y el día de la boda. Yo no puede entender, si no van a la Iglesia por años, ¿por qué tienen ese afán de casarse en la Iglesia para luego no volver? Yo creo que la razón es que quieren que el Rito del Matrimonio sea como lo han visto en las novelas de la televisión, pensando solamente en el aspecto social de la boda y absolutamente nada en Dios. Rechazan a Dios como si Él no tuviera nada que ver en ese matrimonio. Y ahí está la razón que tantos matrimonios acaben en fracaso. Van a la Iglesia ya pensando, "Si mi matrimonio no funciona, se rompe y vuelvo a empezar". Así que con esta manera egoísta de pensar, fracasan. Son matrimonios que nunca debieron realizarse. Contraer matrimonio sin responsabilidad y sin contar con Dios, ni pedirle ayuda, solamente puede traer fracaso y frustración para los cónyuges y, especialmente, para los hijos.

Un buen cristiano cree firmemente que el matrimonio fue creado por Dios para la continuación de la humanidad y el bien de la pareja. Por eso es importantísimo que Dios sea el centro de ese matrimonio. Si el amor conyugal no se basa en el amor de Dios, la convivencia puede transformarse en una vida egoísta. Para que un matrimonio funcione, hay que tener en cuenta que está basado en muchas pequeñas cosas. Una de ellas es que cada cónyuge debe preocuparse más del otro que de él mismo. Tendrán que tener apoyo moral el uno en el otro. Y, sobre todo, ambos tendrán que estar mentalizados que la felicidad no depende del dinero, sino de una comprensión y respeto mutuo.

No olvidemos que los hijos son un don de Dios y el fruto más preciado del matrimonio. Los cónyuges cooperan con Dios en la transmisión de la vida: tanto la vida natural, como la vida sobrenatural. En los hijos, los padres encuentran el reflejo de su amor y su unión. Deben recordar que cada hijo es único y los hijos siempre son hijos, pase lo que pase. La gracia del Espíritu Santo que reciben los esposos a través del Sacramento del Matrimonio hace posible que puedan cumplir la finalidad que el matrimonio exige: el amor, la ayuda mutua, la procreación y la educación de los hijos. Oremos a Nuestro Señor para que derrame sobre los matrimonios su gracia, para que siempre les bendiga y proteja, a ellos y a sus hijos.

Twenty Seventh Sunday of Ordinary Time
Cycle B Book 1
Readings: 1) Genesis 2:18-24 2) Hebrews 2:9-11 3) Mark 10:2-16

Saint Mark tells us, in the Gospel Reading, that the Pharisees approached Jesus and asked Him, "Is it lawful for a man to divorce his wife?" And we heard the Lord's response: "Whoever divorces his wife and marries another woman, commits adultery against her. And if she divorces her husband and marries another man, she commits adultery." God prohibits divorce. That is why the Church cannot accept it. God, at the beginning of creation, created matrimony. And Jesus Christ was the one who elevated it to the dignity of a Sacrament. It is precisely the dignity of matrimony that is of basic importance, not only for the spouses, but also for the children and, above all, for society itself.

It is very important, before getting married, to know well the person who will be our spouse for the rest of our lives. There are those who think that when things begin to go bad in a marriage, a divorce fixes things up for both spouses. And there are those who justify this to themselves saying: "I have a right to remake my life." These people cannot, or do not want to, see that divorce does not remake anything. Divorce is not a solution. The Church, in extreme cases, permits separation of the spouses, if living together has become impossible.

To nurture a good marriage, the first thing to do is to stay close to God. The majority of failures in marriage occur because the only times the couple goes to Church is to go through the pre-marriage classes and on the day of the wedding. I cannot understand, if they have not gone to Church for years, why this great need to get married in the Church so as not to come back again later? I think that the reason is that they want the Marriage Rite to be like what they see in the soap operas on television, thinking only of the social aspect of the wedding and absolutely nothing about God. They reject God as if He has nothing to do with this marriage. And that is the reason that so many marriages end up in failure. They go to Church thinking, "If my marriage does not work out, I can break it and begin again." So with this selfish way of thinking, it fails. These are marriages that never should have taken place. Getting married irresponsibly and without counting on God, nor asking Him for help, can only bring about a sense of failure and frustration for the spouses and, especially, for the children.

A good Christian firmly believes that marriage was created by God for the continuation of humanity and for the good of the couple. That is why it is so very important to make God the center of that marriage. If conjugal love is not based on love of God, living together can be transformed into a selfish way of life. For a marriage to work, we have to bear in mind that it is based on many small things. One of them is that each spouse has to care more for the other than for herself or himself. Each one will have to give moral support to the other. Above all, both have to believe that happiness does not depend on money, but on mutual understanding and respect.

Let us not forget that children are a gift from God and the most precious fruit of marriage. Spouses cooperate with God in the transmission of life: in natural life as well as in supernatural life. In children, parents encounter a reflection of their love and their union. They should remember that each child is unique and that their children are their children, whatever happens. The grace of the Holy Spirit that the spouses receive through the Sacrament of Matrimony makes it possible for them to carry out the purpose that matrimony demands: love, mutual support, procreation and the education of children. Let us pray to Our Lord so that He may shower His grace on married couples, that He may always bless and protect them and their children.

Vigésimo Octavo Domingo del Tiempo Ordinario
Ciclo B Tomo 1
Lecturas: 1) Sabiduría 7, 7-11 2) Hebreos 4, 12-13 3) Marcos 10, 17-30

Nos dice San Marcos, en el Evangelio de esta Santa Misa, que Jesús iba de camino cuando se le acercó una persona corriendo. Se le arrodilló y preguntó, "¿qué debo hacer para alcanzar la vida eterna?". La respuesta de Jesús fue tajante y no dejó duda: "… anda, vende todo lo que tienes, dale el dinero a los pobres… y luego sígueme". Los tres evangelistas: San Marcos, San Lucas y San Mateo, la mencionan, confirmando la importancia que tenía para las primeras comunidades cristianas. En esta época, también es importantísima para cualquiera de nosotros, pero especialmente para los que ponen su confianza en la riqueza. Cristo nos pide desprendernos de todo lo superfluo y, sobre todo, de lo que nos aleja de Él.

San Marcos no explica mucho sobre la persona que se acercó a Jesús. Pero los tres evangelistas coinciden en que era un hombre muy rico. San Lucas dice que este hombre era importante y San Mateo lo describe como un hombre joven. Esta persona nos deja ver lo difícil que es para cualquiera de nosotros desprenderse de la riqueza. Sin embargo, los que tenemos más experiencia de la vida por los años vividos, sabemos muy bien que si este joven rico e importante hubiera repartido sus riquezas materiales, siguiendo la llamada de Jesús, hubiera adquirido la riqueza más importante de todas: la espiritual. El Señor lo dice en el Evangelio que quien deja casa, padres, hermanos, familia ó bienes materiales, en recompensa, recibirá cien veces más. También dice que el que tenga persecuciones en esta vida por seguirle a Él, recibirá como recompensa la vida eterna.

En los tiempos actuales, a muchas personas les resulta difícil entender las enseñanzas del Evangelio de hoy y muchísimo más difícil seguirlas. Por experiencia sabemos que seguir a Jesús no es fácil teniendo en cuenta que Él nos exige no anteponer ninguna cosa ni persona ante Él, por muy valiosa que sea para nosotros. Nos pide un desprendimiento total como se lo pidió al joven rico del Evangelio. Y nos aconseja aligerarnos de cualquier carga que nos impida seguir el camino trazado por Él.

El Señor quiere que disfrutemos de una vida digna y desahogada. Lo que no aprueba es la riqueza desmesurada y sobre todo la riqueza mal adquirida. Quiere que seamos desprendidos cuando utilizamos los bienes materiales que Él nos da, disfrutándolos y ayudando a los necesitados. Seamos cuidadosos. No permitamos que nuestro corazón se adhiera a la necesidad de obtener riquezas ni a ese afán desmesurado que muchos tienen de almacenar riqueza. ¿Cómo vamos a poder seguir las enseñanzas de Cristo si nuestra mente está en cómo adquirir más bienes? Será imposible seguir a Dios si solamente pensamos en la avaricia ó en la ambición. Comprendamos que el dinero no da la felicidad. La mayoría de las veces pone una barrera infranqueable entre Dios y nosotros.

El salario que recibimos por nuestro trabajo es un bien que el Señor nos da. El dinero, en sí, no es malo, si sabemos administrarlo y no lo convertimos en un ídolo. Dichoso será el que tiene el don de saber desprenderse para poder seguir a Cristo, como nos lo propone el Evangelio de hoy.

Recordemos que después de hablar con el joven rico y verlo partir, Jesús quedó triste, viendo que este joven prefería sus riquezas a seguirle, como Él se lo estaba pidiendo. A nosotros también nos pide un seguimiento total. Sabemos que será difícil, porque tendremos que ir sorteando obstáculos y dejando cosas, e incluso personas, pero esto es posible, con la ayuda de Dios porque Él lo puede todo.

Twenty Eighth Sunday of Ordinary Time
Cycle B Book 1
Readings: 1) Wisdom 7:7-11 2) Hebrews 4:12-13 3) Mark 10:17-30

Saint Mark tells us, in the Gospel Reading of this Holy Mass, that Jesus was on the road when someone ran up to Him. He kneeled down and asked, "What do I have to do to reach eternal life?" Jesus' answer was to the point and did not leave any doubt: "Go, sell all that you have, give the money to the poor… and then follow me." The three Evangelists: Saint Mark, Saint Luke and Saint Matthew, mention it, confirming the importance that it had for the first Christian communities. In our times, it is also very important to all of us, but especially to those who put their trust in riches. Christ asks us to cast off all that is superfluous and, above all, anything that will distance us from Him.

Saint Mark does not explain much about the person who approached Jesus. But the three Evangelists coincide in that he was a very rich man. Saint Luke says that he was an important man and Saint Matthew describes him as a young man. This person shows us how difficult it is for anyone of us to cast off riches. Nevertheless, those of us who have more experience in life, because of the years we have lived, know very well that if this rich and important young man had distributed his material riches, following the call of Jesus, he would have acquired the most important of all riches: spiritual riches. The Lord says in the Gospel Reading that whoever leaves home, parents, siblings, family or material goods, as a reward will receive 100 times more. He also says that whoever is persecuted in this life because of following Him will receive as a reward eternal life.

In modern times, for many people it is difficult to understand the teachings of the Gospel Reading today and much more difficult to follow them. Through experience we know that following Jesus is not easy, keeping in mind that He demands that we do not interpose anything or any person between us and Him, however much value they may have for us. He asks us to totally give of ourselves as He asked the rich young man in the Gospel Reading. And He counsels us to get rid of anything that will impede us from following the path that He has set out.

The Lord wants us to enjoy a worthy and carefree life. What He does not approve of is inordinate wealth and above all wealth that is ill gained. He wants us to be generous when we use the material goods that He gives us, enjoying them, and helping those in need. Let us be careful. Let us not allow our hearts to become attached to the need to obtain riches nor to that unbridled yearning that many have to stockpile wealth. How are we going to follow the teachings of Christ if our mind is on how to acquire more riches? It is impossible to follow God if we only think about avarice and ambition. Let us understand that money does not bring happiness. Most of the time, it sets up an impassable barrier between God and us.

The salary that we receive for our work is a good thing that the Lord gives us. Money, in itself, is not bad, if we know how to administer it and not convert it into an idol. Blessed is the person who has the gift of knowing how to be generous in order to follow Christ, as the Gospel Reading today proposes.

Let us remember that after talking to the rich young man; Jesus was saddened, seeing that this young man preferred his riches to following Him, as He was asking him to do. He asks us to follow Him totally. We know that it will be difficult because we will have to avoid obstacles and leave behind things, even people, but it is possible, with the help of God, because He can do anything.

Vigésimo Noveno Domingo del Tiempo Ordinario
Ciclo B Tomo 1
Lecturas: 1) Isaías 53, 10-11 2) Hebreos 4, 14-16 3) Marcos 10, 35-45

Hoy, el Santo Evangelio relata cómo dos de los apóstoles, Santiago y Juan, le pidieron a Jesús algo inaudito. Acercándose, le dijeron, "Maestro, queremos nos concedas lo que te vamos a pedir". Jesús seguramente ya sabía lo que le iban a pedir. Él lo sabe todo, lee nuestros pensamientos, tanto en aquel tiempo como hoy en día. Es por eso que nadie puede engañarle. Conoce lo que llevamos en el corazón y en la mente. Así y todo, les preguntó, "¿qué queréis que haga por vosotros?" Le pidieron nada menos que dos de los mejores puestos de honor en el cielo. Y lo hicieron a pesar de que eran seguidores y amigos íntimos suyos y que le habían oído predicar con frecuencia en contra de los que buscaban los primeros puestos.

Al enterarse de lo que habían hecho los dos hermanos, sus compañeros, el resto de los apóstoles, se indignaron seriamente con ellos. El Señor, probablemente tratando de reconciliarlos, les reunió y les explicó que los que son reconocidos como jefes tiranizan y oprimen a pueblos y a personas. Amonestándoles, les advirtió que ellos no podían hacer lo mismo, que el que quiere ser primero, se haga esclavo de todos, y les recordó que el Hijo del Hombre no había venido a ser servido. Vino a servir y a hacer algo mucho más grandioso, a dar su vida en rescate por nosotros.

¡Que distinta la actitud del Señor de la actitud de los que se consideran líderes, de los que siempre quieren coger los primeros puestos, ser servidos, admirados e incluso temidos! Son personas que anhelan sentirse importantes, reafirmándose a ellos mismos, siempre buscando el poder. Comprobamos, con disgusto, que en esta sociedad, como en aquellos tiempos, lo que predomina es la ambición y el ansia de poder. Podemos observar que parte de la humanidad anda en competición con la otra parte restante. Hemos visto competición hasta en los propios matrimonios. Incluso en las mismas comunidades cristianas, a veces hay divisiones, ambición y deseo de poder. Sin embargo, nada de eso es lo que pide el Señor. Nos pide humildad, desprendimiento y vivir en armonía con el resto de la humanidad. Para nuestro alivio, también vemos personas muy entregadas a Dios, al hermano y a la sociedad, siempre dispuestas a ayudar, dando lo mejor de ellas mismas a los demás. Y lo hacen con verdadera humildad y entrega. Desprendimiento, entrega, esa es la única y verdadera manera de seguir a Cristo y lo que Él enseña.

En la Segunda Lectura, el autor de la Carta a los Hebreos les dice que deben acercarse "al trono de gracia", que es el trono de Jesús, para alcanzar la misericordia que el Hijo de Dios trajo para nosotros. Lo que les está pidiendo, con estas palabras, es que dejen el pecado, que sean más como Cristo, que fue en todo como nosotros menos en el pecado. La Primera Lectura, del libro del profeta Isaías, nos recuerda algo verdaderamente importante, algo que cada persona que quiere imitar a Cristo, sirviendo a Dios y al hermano, debe tener presente. Hablando del Siervo de Dios, símbolo y figura de Jesús, el profeta nos recuerda que, aunque nos entreguemos desinteresadamente a ayudar al prójimo, a veces vamos a sufrir por el egoísmo y la rivalidad de las personas que solo buscan su propio bien. Pero el profeta también dice que, a pesar de los problemas, rechazos y egoísmos que encontremos en el camino, si perseveramos en la fe en Dios seremos premiados.

Hermanos y hermanas, las lecturas hoy nos enseñan algo que hasta los mismos apóstoles tuvieron que aprender: que es a través de los esfuerzos de los verdaderos líderes, personas de buena voluntad que se entregan completamente a Cristo, que el Reino de Dios podrá seguir extendiéndose.

Twenty Ninth Sunday of Ordinary Time
Cycle B Book 1
Readings: 1) Isaiah 53:10-11 2) Hebrews 4:14-16 3) Mark 10:35-45

Today, the Holy Gospel tells us how two of the apostles, James and John, asked the Lord to do something unheard of. Approaching Him, they said, "Master, we want to you to do for us whatever we ask of you." Jesus surely knew what they were going to ask. He knows everything; He reads our thoughts, then and now. That is why nobody can fool Him. He knows what we have in our heart and in our minds. But He asked them anyway, "What do you want me to do for you?" They asked Him for nothing less than the two best positions of honor in heaven. And they did it in spite of being His followers and close friends and having heard Him preach frequently against those who sought the best positions.

When the rest of the apostles found out what the two brothers, their companions, had said, they were indignant with them. The Lord, probably trying to reconcile them, gathered them together and explained that those who are recognized as leaders dominate and oppose countries and people. Admonishing them, He warned them that they should not be that way, that whoever wants to be first should be the servant of the rest and He reminded them that the Son of Man had not come to be served. He came to serve and to do something much greater, to give His life in exchange for ours.

How different is the attitude of the Lord from the attitude of those who consider themselves to be leaders, from those who always want to be first, to be served, admired, and even feared! They are people who yearn to feel important, reaffirming themselves, always looking for power. We see, with displeasure, that in this society, just as in those times, what prevails is ambition and yearning for power. We can observe how part of humanity is in competition with the rest. We have seen competition even in married couples. Even in Christian communities there are sometimes divisions, ambition and the desire for power. Nevertheless, none of this is what the Lord asks of us. He asks us to be humble, to be generous, and live in harmony with the rest of humanity. We are relieved to see that there are people who are very dedicated to God, to their neighbors and to society, always ready to help, giving the best of themselves to others. And they do it with true humility and generosity. Generosity, self-giving, this is the only and true way to follow Christ and what He teaches.

In the Second Reading, the author of the Letter to the Hebrews tells them that they should "approach the throne of grace" which is the throne of Jesus, so that they may obtain the mercy that the Son of God brought to us. What is asked of them, with these words, is that they be more like Christ, who was in everything like us except in sin. The First Reading, from the Book of the Prophet Isaiah, reminds us of something that is truly important, something that each person who wants to imitate Christ, serving God and neighbor, should remember. Talking about the Servant of God, a symbol and figure of Jesus, the prophet reminds us that even though we give of ourselves, without thinking of our own gain, to help our neighbor, sometimes we will suffer because of the selfishness and rivalry of people who only look for their own personal gain. But the prophet also says that, in spite of the problems, rejections and selfishness that we encounter on the way, if we persevere in our faith, God will reward us.

Brothers and sisters, the readings today show us something that even the apostles had to learn: that it is through the efforts of true leaders, people of good will who are completely dedicated to Christ, that the Kingdom of God will continue to be spread.

Trigésimo Domingo del Tiempo Ordinario
Ciclo B Tomo 1
Lecturas: 1) Jeremías 31, 7-9 2) Hebreos 5, 1-6 3) Marcos 10, 46-52

El Evangelio dice que al salir Jesús de la ciudad de Jericó, acompañado de sus discípulos, le seguía bastante gente. San Marcos explica lo que sucedió en el camino con un ciego llamado Bartimeo. Jericó se encuentra a poca distancia de Jerusalén. Y hacia allí se dirigía Jesús. El ciego se encontraba sentado al borde del camino, como tenía por costumbre, pidiendo limosna. Algo le hizo notar que se aproximaba un grupo grande de gente. Ó, quizás, alguien le dijo que se acercaba el Señor. Sin pensarlo mucho e incontrolablemente comenzó a gritar, "Jesús, ten compasión de mí".

Al oírlo, muchos de los que se encontraban allí presentes le regañaron, exhortándole a que dejara de gritar. Pero él no les prestó atención y siguió gritando aún más alto. Bartimeo, precisamente por ser ciego, se confiaba en las personas que normalmente le ayudaban, pero en esta ocasión, sintió la necesidad de hacer que Jesús le escuchara. Así que, desoyendo a los otros, puso toda su atención y su esperanza en la persona que él creía podía curarlo. Y tuvo un buen presentimiento, porque le dio resultado. Jesús, al oír los gritos, se detuvo y dijo, "Llamadlo".

Bartimeo, a pesar de que era ciego y siempre necesitaba ayuda de los que estaban cerca, cuando le dijeron, "Ánimo, levántate, que te llama", no esperó la ayuda de nadie. Soltó su ropa y de un salto se acercó a Jesús, que le preguntó, "¿Qué quieres que haga por ti?" Bartimeo le contestó pidiéndole lo que más anhelaba, "Maestro, que pueda ver". Y el Señor lo curó. Precisamente fue su fe lo que al Señor le impresionó. Por eso le dijo, "Tu fe te ha curado". Este hombre estaba completamente seguro que Cristo lo podía curar.

Hermanas y hermanos, si queremos vencer nuestra ceguera espiritual tenemos que hacer lo que hizo Bartimeo cuando fue llamado por el Señor. Él se levantó inmediatamente y se encaminó hacia Jesús. Muchos de nosotros no padecemos ceguera física pero hay algunos que lo que padecen es muchísimo peor. Es ceguera de alma. Debido a eso no alcanzan a ver la luz que es Cristo. Los que padecen esta ceguera, deben implorar a Dios como lo hizo el ciego del Evangelio, diciendo, "haz que pueda ver". Porque, como el que es ciego físicamente no puede ver más que oscuridad, los que son ciegos de alma tampoco pueden ver porque viven constantemente en las tinieblas del pecado.

Bartimeo, que siempre pasaba su tiempo al lado del camino esperando que alguien le socorriera, sin ninguna esperanza de recobrar la vista, con su fe, encontró el camino, la verdad y la vida. Encontró a Cristo. Al sentir la presencia de Jesús, al escucharle hablar, Bartimeo alzó su propia voz y gritó fuerte, para que le escuchara. No le pidió inmediatamente que le curara la ceguera. Simplemente le dijo, "Señor, ten compasión de mí". Puso toda su esperanza en el Maestro que pasaba por allí y de quien seguramente había oído hablar. Tuvo fe en Él y en su misericordia. No tuvo fe por haber sido curado, sino que fue curado por su fe. Y cuando Jesús lo curó, Bartimeo, que había sido ciego de nacimiento, reconoció que Jesús era el Mesías esperado. Su vida cambió. Se iluminó y se llenó de esperanza. Experimentó una gran paz en su corazón y siguió a Cristo.

Nosotros también podemos sentir esa misma paz en nuestros corazones. No seamos ciegos de alma. Sigamos el ejemplo de Bartimeo. Acudamos al Señor con fe y pidámosle que nos ayude, que tenga compasión de nosotros, que nos abra los ojos del corazón para que podamos ver su esplendor y sentir su amor y su paz.

Thirtieth Sunday of Ordinary Time
Cycle B Book 1
Readings: 1) Jeremiah 31:7-9 2) Hebrews 5:1-6 3) Mark 10:46-52

The Gospel Reading says that when Jesus went out of the city of Jericho, accompanied by His disciples, many people followed Him. Saint Mark explains what happened on the road with a blind man named Bartimaeus. Jericho is not very far from Jerusalem. And that was where Jesus was going. The blind man was sitting at the side of the road, as he usually did, begging for alms. Something made him realize that a large group of people were coming by. Or, maybe, someone told him that the Lord was approaching. Without thinking about it and uncontrollably he began to cry out, "Jesus, have pity on me."

When they heard him, many of those present began to scold him, exhorting him to stop crying out. But he did not pay attention to them and he continued to cry out more loudly. Bartimaeus, precisely because he was blind, trusted in the people who normally helped him, but on this occasion, he felt the need to make Jesus listen to him. So, disregarding the others, he placed all his attention and all his hope in the person that he believed could cure him. And he had a good premonition, because it worked. Jesus, when He heard the shouting, stopped and said, "Call him."

Bartimaeus, in spite of being blind and always needing help from those close by, when they said to him, "Take heart, get up, he is calling you," he did not wait for anyone's help. He loosened his clothes and in a jiffy he approached Jesus, who asked him, "What do you want me to do for you?" Bartimaeus, answered Him asking for the one thing that he most wanted, "Master, that I may see." And the Lord cured him. It was precisely his faith that impressed the Lord. That is why He said, "Your faith has cured you." This man was completely sure that Christ could cure him.

Sisters and brothers, if we want to overcome our spiritual blindness we have to do what Bartimaeus did when he was called by the Lord. He immediately got up and made his way to Jesus. Many of us do not suffer from physical blindness but there are some who suffer something that is worse. That is blindness of the soul. Because of this they do not get to see the light that is Christ. Those who suffer from this blindness should pray to the Lord, as the blind man in the Gospel did, saying, "Make me see." Because, just as the person who is physically blind can only see darkness, those who suffer from blindness of the soul cannot see because they live constantly in the darkness of sin.

Bartimaeus, who always spent his time on the side of the road waiting for someone to help him, without any hope of recovering his sight, through his faith, encountered the way, the truth and the life. He encountered Christ. And when he felt the presence of Jesus, when he heard Him speak, Bartimaeus raised his voice and cried out, so that he could be heard. He did not immediately ask to be cured of his blindness. He simply said, "Lord, have pity on me." He placed all his hope in the Master who was passing by and of whom he had surely heard. He had faith in Him and in His mercy. He did not have faith because he was cured; he was cured because he had faith. When Jesus cured him, Bartimaeus, a man blind from birth, recognized that Jesus was the awaited Messiah. His life changed. He was enlightened and filled with hope. He experienced great peace in his heart and he followed Christ.

We can also feel that same peace in our hearts. Let us not be blind of the soul. Let us follow the example of Bartimaeus. Let us approach the Lord with faith and ask Him to help us, to have mercy on us, to open the eyes of our hearts so that we can see His splendor and feel His love and His peace.

Trigésimo Primer Domingo del Tiempo Ordinario
Ciclo B Tomo 1
Lecturas: 1) Deuteronomio 6, 2-6 2) Hebreos 7, 23-28 3) Marcos 12, 28b-34

En el Evangelio hemos escuchado que se acercó a Jesús un escriba y le preguntó: "¿Qué mandamiento es el primero de todos?" La repuesta del Señor nos muestra que en realidad hay dos mandamientos que son muy importantes. El primero exige amar a Dios sobre todas las cosas y un seguimiento hacia Él con responsabilidad y desprendimiento. El segundo nos exige amar a nuestro prójimo como a nosotros mismos. Estos mandamientos a muchos les resultan difíciles de entender y de seguir. Que el amor a Dios les imponga amar primero de todo a Él antes que a padres, hijos y familia, les resulta duro e incomprensible de aceptar. Pero los que anteponen a Dios personas ó cosas, demuestran que aún están muy lejos del Reino de Dios. También hay personas que les resulta difícil tratar al prójimo, especialmente al hermano necesitado, con caridad y respeto, como nos gustaría ser tratados nosotros mismos. Sin embargo, eso es lo que nos dice el Evangelio que tenemos que hacer.

En los barrios más pobres de las grandes ciudades de este país, viven familias con escasos recursos. Algunas de ellas han venido de otros países buscando una vida mejor, teniendo que dejar su patria, incluso su familia, y algunos hasta hijos y cónyuge. Muchos piensan que al llegar encontrarán un trabajo con un sueldo fijo que les permitirá pagar una vivienda decente. Y otros, más optimistas, piensan que con los años hasta tendrán una vida próspera. Pero ocurre muchas veces que al llegar, todo es adverso y completamente diferente a lo que han imaginado. Encuentran discriminación hacia el extranjero e incluso hostilidad. Y a veces incluso llega a tal extremo que, aunque trabajan y pueden pagar una habitación ó vivienda, no encuentran quien se la quiera alquilar. Otros caen en manos de personas sin escrúpulos que los explotan, pagándoles salarios ridículos y exigiéndoles más trabajo de lo que marca la ley. Esto no es de cristianos. Esto no es de personas honradas.

Cumplir los mandamientos es amar a Dios y, por Él, al hermano. Mostraremos que somos buenos cristianos, acogiendo al hermano desconocido y a las nuevas familias, recién llegadas, en cualquier lugar, pero especialmente en nuestra comunidad eclesial. Debemos acogerlos cálidamente y ayudarles en lo que esté a nuestro alcance. Cristo manda que mostremos nuestro amor a Dios ayudando a nuestro prójimo y, a poder ser, sin alardes, calladamente. Hemos observado que muchas personas nuevas, especialmente cuando llegan por primera vez a una parroquia como la nuestra, se acercan a sus paisanos, que les dan la bienvenida como nos pide Cristo, con caridad y amor. Pero, por desgracia, también hemos observado que algunos, que ya llevan tiempo en este país y que han prosperado, no les acogen, incluso hay rechazo. Esto no muestra nuestro amor a Dios y tampoco, desde luego, nuestro amor al prójimo. No olvidemos que amar a Dios es ser humilde y desprendido, defendiendo la justicia prudentemente y con caridad. La solidaridad y la amistad deben ser los valores que rigen la vida de cualquier cristiano.

Oímos muy a menudo, especialmente en las comunidades hispanas, que hay que ser solidarios. Pero muchas veces las acciones de algunos dejan ver que eso es solamente palabrería. Si uno tiene suficiente para vivir y ve al hermano en necesidad y no le ayuda, ¿cómo puede creer que cumple los mandamientos más importantes: amar a Dios y amar al prójimo? Aprendamos a ser sinceros con Dios. A Él no le podemos engañar.

Thirty First Sunday of Ordinary Time
Cycle B Book 1
Readings: 1) Deuteronomy 6:2-6 2) Hebrews 7:23-28 3) Mark 12:28b-34

In the Gospel Reading, we heard that a scribe approached Jesus and asked: "What commandment is the first of all?" The Lord's answer shows us that in reality there are two commandments that are very important. The first demands love of God above all things, following Him responsibly and generously. The second demands love of our neighbor as ourselves. These commandments, for many, are difficult to understand and follow. That love of God should mean loving Him more than parents, children and family is hard and incomprehensible for them to accept. But those who place people or things before God show that they are still far from the Kingdom of God. There are also those who have problems treating their neighbor, especially a needy brother or sister, with charity and respect, as we would like to be treated ourselves, seeing in him Christ Himself. Nevertheless, that is what the Gospel tells us that we have to do.

In the poorest neighborhoods of the largest cities in this country, families live on meager incomes. Some of them have come from other countries looking for a better life, leaving behind their own country, even their own family, and some of them even children and spouses. Many think that when they arrive they will find work with a fixed income that will allow them to pay for a decent place to live. And others, more optimistically, think that as years go by they will even have a prosperous life. But many times what happens is that when they arrive, everything goes against them and is completely different from what they had imagined. They encounter discrimination against foreigners and even hostility. And sometimes it is so bad that, even though they work and can pay for a room or a home, they cannot find anyone who will rent it to them. Others fall in the hands of people without scruples who exploit them, paying them ridiculous salaries and making them work more than the law requires. This is not a Christian way to do things. This is not done by people with honor.

Fulfilling the commandments means loving God, and because of Him, our brother. Let us show that we are good Christians, giving refuge to the stranger and the new families, the newly arrived, everywhere but especially in our church community. We should welcome them warmly and help in whatever way we can. Christ commands us to show our love of God by helping our neighbor, if possible without fanfare, quietly. We have observed that many new people, especially when they arrive for the first time in a parish like ours; approach their countrymen, who welcome them as Christ asks us to do, with charity and love. But, unfortunately, we have also observed that others, that have been in this country longer and have prospered, do not welcome them, they even reject them. This is not showing our love of God nor, of course, our love of neighbor. Let us not forget that loving God means being humble and generous, defending justice prudently and in charity. Solidarity and friendship should be the values that govern the life of any Christian.

We hear often, especially in Hispanic communities, that we have to show our solidarity. But many times the actions of some people show that these are only empty words. If someone has enough to live on and he or she sees a brother in need and does not help, how can they think that they are obeying the most important commandments: love of God and love of neighbor? Let us learn to be sincere with God. We cannot deceive Him.

Trigésimo Segundo Domingo del Tiempo Ordinario
Ciclo B Tomo 1
Lecturas: 1) 1 Reyes 17, 10-16 2) Hebreos 9, 24-28 3) Marcos 12, 38-44

El Evangelio habla de la generosidad del corazón. Y enseña que el Señor siempre observa nuestro comportamiento. Él ve si somos generosos ó somos tacaños. Lo que le agrada es comprobar que hay personas que, con gran esfuerzo, cumplen con su deber cristiano, ayudando a los necesitados y a la Iglesia a través de la colecta. Y lo hacen, dentro de su penuria, lo más generosamente posible.

La viuda en el Evangelio tiene un papel predominante y positivo. Esto puede resultar sorprendente porque en el Oriente Medio de los tiempos bíblicos, las mujeres no eran consideradas como algo importante. En los tiempos de Jesús las mujeres no tenían ni voz ni voto. Eran completamente ignoradas y marginadas. Y aún en la actualidad, en muchos países, esta situación lamentable sigue vigente. El Señor, que lo ve todo, notó el desprendimiento de la viuda, que en su pobreza fue generosa. La actitud de esta mujer le impresionó hasta tal punto que, llamando a sus discípulos, les dijo: "Os aseguro que esa pobre viuda ha echado en el arca de las ofrendas más que nadie. Porque los demás han echado de lo que les sobra pero esta, que pasa necesidad, ha echado todo lo que tenía para vivir". Con su ofrenda, demostró esta mujer que su vida estaba completamente entregada a Dios.

Cuando algunas veces, al dar de lo poco ó mucho que disponemos a los más necesitados, decimos, "todo esto Dios me lo va a repagar con creces", muchos nos observan como si estábamos locos. Pero es la verdad. Está más que comprobado que cuando se da desinteresadamente, se recibe mucho más. Hay cristianos que hacen su presupuesto mensual y, al hacer las particiones, retiran una parte para obras de caridad y otra parte para lo que ellos han estipulado que van a dar a la Iglesia. Estas personas son dignas de alabanza, la misma alabanza que el Señor dio a la viuda pobre. Hay muchas personas como la viuda del Evangelio que por tener pocos ingresos no tienen obligación de ayudar al necesitado ni de poner dinero en la colecta. Pero, a pesar del esfuerzo, lo hacen de una manera desprendida, sin esperar ninguna recompensa a cambio. Lo hacen por amor a Dios y al prójimo. Pero, en recompensa, ellos notan la mano de Dios. Comprueban que al final de mes han podido cubrir gastos y aún les queda un poco sobrante.

Los fariseos tenían por costumbre echar grandes cantidades de dinero en el arca del templo. Pero daban de lo que les sobraba y, además, lo hacían con ostentación para que les viera la gente. La generosidad de la viuda, que era pobre, superaba todo lo que daban los fariseos, no en cantidad sino en calidad. Esta mujer estaba sembrando para la vida futura, intentando, en su pobreza, agradar a Dios. Lo he dicho antes, y lo vuelvo a repetir: Dios ve, y premia, la generosidad desinteresada.

A través del Evangelio de esta Santa Misa, Jesús nos habla. Y dice que tenemos que ser desprendidos, discretos cuando ponemos nuestra ofrenda en la colecta, que seamos caritativos cuando ayudamos a una persona necesitada, dando con discreción. Y yo les digo, que si alguna vez prestamos dinero a alguien que lo necesita y después comprobamos que tiene problemas para devolverlo, nuestra generosidad debe ser completa, diciéndole, "Olvídalo, esta deuda queda perdonada".

Si ayudamos a los necesitados y a la Iglesia, comprobaremos la recompensa que nos dará Nuestro Señor no solamente aquí en la tierra sino también después en la vida eterna.

Thirty Second Sunday of Ordinary Time
Cycle B Book 1
Readings: 1) 1 Kings 17:10-16 2) Hebrews 9:24-28 3) Mark 12:38-44

The Gospel Reading talks to us about generosity of the heart. And it shows us that the Lord always observes our behavior. He sees if we are generous or stingy. What pleases Him is to see that there are people who, with great effort, fulfill their Christian duty, helping the needy and the Church through the collection. And they do it, in spite of their poverty, as generously as possible.

The widow in the Gospel Reading plays a dominant and positive role. This can surprise us because in the Middle East in biblical times, women were not considered to be important. In Jesus times women did not count for anything. They were completely ignored and marginalized. And even today, in many countries, this lamentable situation continues. The Lord, who sees everything, noted the openhandedness of the widow, who in her poverty was generous. The attitude of this woman impressed Him so much that, calling together His disciples, He told them: "I assure you that this poor widow has put more than anyone into the offering. Because others give from their surplus wealth but this woman, who is in need, has given all that she had to live." With her offering, this woman showed that her life was a complete giving to God.

When at times we give to the needy from the little that we have and we say, "All of this God will repay many times over," many look at us as if we were crazy. But it is true. It is more than proven that when we give generously, we receive much more in return. There are Christians who go through their monthly budget and, when they separate out their payments, they save part of what they have for works of charity and another part for what they have stipulated they will give to the Church. These people are worthy of praise, the same praise that the Lord gave to the poor widow. There are many people like the widow in the Gospel Reading who, because they have little income, do not have an obligation to give to the needy nor to put money in the collection. But, in spite of the effort that it takes, they do so in a generous manner, without expecting anything in return. Nevertheless, in return, they feel the hand of God in their lives. They see that at the end of the month they have enough to cover expenses and still have a little left over.

The Pharisees customarily gave large sums of money to the temple treasury. But they gave from their surplus wealth and, furthermore, they did it ostentatiously so that other people could see what they were doing. The generosity of the widow, who was poor, was greater than all that the Pharisees gave, not in quantity but in quality. This woman was sowing for a future life, trying, in her poverty, to please God. I said it before and I'll say it again: God sees, and rewards, unselfish generosity.

Through the Gospel Reading of this Holy Mass, Jesus talks to us. And He says that we have to be generous, discreet when we place our offering in the collection, that we should be charitable when we help a needy person, giving with discretion. And I tell you, that if at any time we lend money to someone who is needy and afterwards we see that he or she will have difficulties in returning it, our generosity should be complete, saying to him or her, "Forget it, the debt is pardoned."

If we help the needy and the Church, we will see the rewards that Our Lord gives us not only here on earth but also afterwards in eternity.

Trigésimo Tercer Domingo del Tiempo Ordinario
Ciclo B Tomo 1
Lecturas: 1) Daniel 12, 1-3 2) Hebreos 10, 11-14. 18 3) Marcos 13, 24-32

Las lecturas de hoy nos recuerdan que estamos en los últimos días del año litúrgico. Estamos llegando al Tiempo de Adviento. Al igual que otros años, por estas fechas la Iglesia nos invita a meditar no solamente sobre los últimos tiempos cuando el Señor vendrá en toda su gloria sino también sobre nuestro propio final, que no sabemos cuándo será.

Hemos escuchado en el Evangelio cómo Jesús les dijo a sus discípulos que cuando llegue el final del tiempo el Hijo del Hombre vendrá sobre las nubes con gran poder y majestad. Los tiempos de los que habla el Señor, ningún ser humano tiene ni una pequeña idea de cuándo llegarán. Pero lo que sí sabemos es lo importante que es para nosotros estar preparados. Porque cuando menos lo pensemos Jesús enviará a los ángeles para reunir a sus elegidos. Hay quien me ha hecho, más de una vez, esta pregunta: "¿Cómo es que Jesús dijo que ni Él mismo sabía el día ni la hora en que esto sucedería?". Obviamente, Cristo, el Hijo de Dios, en su naturaleza divina, lo sabía. Sin embargo, en su naturaleza humana, Jesús no podía penetrar toda la infinita sabiduría de Dios. Como ser humano era en todo igual a nosotros, menos en el pecado. Así que, como humano, no podía saber cuándo llegaría este final. Pero de lo que sí estaba seguro era que ese tiempo iba a llegar.

Aquí nos preguntamos, "¿Qué debemos hacer para prepararnos, teniendo en cuenta que vivimos en un mundo donde todo es adverso a nuestra fe?". La respuesta es sencilla: seguir a Cristo, guardando los mandamientos. Otra cosa que es importante para nosotros es no obsesionarnos pensando en esos últimos días. Y, sobre todo, no tener miedo. Nos ayudará recordar con frecuencia que Dios es nuestro Padre y que Jesús, su Hijo, vino al mundo a salvarnos. Esta realidad nadie puede, ni debe, eclipsar. Nuestra misión, como seres humanos, es esforzarnos cada día a una mayor perfección. Nuestra vida aquí en el mundo es una preparación continua para alcanzar ese reino que Dios tiene preparado para sus elegidos.

En la Segunda Lectura, el autor de la Carta a los Hebreos dice que para prepararnos para la venida de Cristo hay que buscar siempre la amistad de Dios. Solo así podremos asegurarnos la felicidad que nos espera a los que le seguimos. En este sentido, los sacramentos, especialmente el Bautismo, la Confesión y la Santa Comunión nos serán muy beneficiosos. En el Bautismo nos unimos a Cristo y adquirimos el derecho de llamarnos cristianos. En la Confesión nos reconciliamos con Dios, recibiendo el perdón de nuestros pecados. Y la Santa Comunión nos une más estrechamente a Cristo, porque al comer su Cuerpo y beber su Sangre nos fortalecemos espiritualmente.

En la Primera Lectura, el profeta Daniel, escribiendo más ó menos 160 años antes de nacer Jesucristo, describe detalladamente y por primera vez en la Biblia, cómo serán la resurrección y el juicio final. Dice que serán tiempos de angustia como no los ha habido. Toda la humanidad, sin excepción, será juzgada. Pero también dice que los sabios brillarán como el fulgor del firmamento y los que enseñaron a muchos la justicia, como las estrellas, por toda la eternidad.

Que esta Santa Misa que estamos celebrando ahora en comunidad, nos ayude a llegar felizmente a la eternidad. Y que mientras caminamos hacia ella, sepamos ir haciendo el bien, unidos a Dios y defendiendo la justicia.

Thirty Third Sunday of Ordinary Time
Cycle B Book 1
Readings: 1) Daniel 12, 1-3 2) Hebrews 10:11-14, 18 3) Mark 13:24-32

The Readings today remind us that we are in the last days of the liturgical year. We will soon be in Advent. As in other years, during these days the Church invites us to meditate not only on the end times, when the Lord will return in all of his glory, but also on our own end, which we do not know when it will be.

We heard in the Gospel Reading that Jesus said to His disciples that when the end of time arrives the Son of Man will come on the clouds with great power and majesty. No human being has the slightest idea of when the times about which the Lord speaks will be. But what we do know is how important it is for us to be prepared. Because when we least expect it, Jesus will send His angels to gather together the chosen. Some people have asked me, more than once: "How is it that Jesus said that He Himself did not know the day or the hour that this would occur?" Obviously, Christ, the Son of God, in His divine nature, knew it. Nevertheless, in His human nature, Jesus could not penetrate all of the infinite wisdom of God. As a human being He was like us in everything, except in sin. So, as a human being, He could not know when the end would come. But of what He was sure was that the end would come.

Here we ask ourselves, "What should we do to prepare ourselves, keeping in mind that we live in a world in which everything is adverse to our faith?" The answer is simple: follow Christ, keeping the commandments. Another thing that is important for us is not to be obsessed about the end times. And, above all, we should not be afraid. It will help us to remember frequently that God is our Father and that Jesus, His Son, came to this world to save us. This is a reality that no one can, nor should, eclipse. Our mission, as human beings, is to strive, every day, to be more perfect. Our life here in this world is a continuous preparation to reach the Kingdom that God has prepared for His chosen ones.

In the Second Reading, the author of the Letter to the Hebrews says that in order for us to be prepared for the coming of Christ we have to seek the friendship of God. Only in that way will we assure ourselves of the happiness that awaits those who follow God. In this vein, the sacraments, especially Baptism, Confession and Holy Communion, are very beneficial for us. In Baptism we are united to Christ and we acquire the right to call ourselves Christians. In Confession, we are reconciled with God, receiving His pardon for our sins. And Holy Communion unites us intimately to Christ, because when we eat His Body and drink His Blood we are strengthened spiritually.

In the First Reading, the prophet Daniel, writing more or less 160 years before the birth of Jesus Christ, describes in detail, and for the first time in the Bible, what the resurrection and the final judgment will be like. He says that there will be times of anguish like there never has been. All of humanity, without exception, will be judged. But he also says that the wise will shine with the brightness of the firmament and those who taught justice to many will shine like the stars for all eternity.

May this Holy Mass that we celebrate now in community, help us to reach the happiness of eternity. And while we journey towards it, may we know how to go about doing good, united to God and defending justice.

Nuestro Señor Jesucristo, Rey del Universo
Ciclo B Tomo 1
Lecturas: 1) Daniel 7, 13-14 2) Apocalipsis 1, 5-8 3) Juan 18, 33b-37

Hoy celebramos la Solemnidad de Nuestro Señor Jesucristo, Rey del Universo. Con esta fiesta se cierra este año litúrgico durante el cual hemos celebrado todos los misterios de la vida de Jesús. Este día, uno de los más grandes del año, es como una recopilación de todo el misterio salvífico.

Cuando Cristo, Rey del Universo y Nuestro Salvador, vino a este mundo, no fue como creían los judíos del Antiguo Testamento. Ellos esperaban un rey que los iba a liberar de los imperios extranjeros que les oprimían. El Nuevo Testamento nos enseña que el reinado de Cristo, el Reino de Dios, no es de esa forma. Es un reino de justicia, amor y paz.

Precisamente esta celebración del reinado de Cristo sobre toda la creación nos da una oportunidad para reflexionar sobre la naturaleza del Reino de Dios. El Señor les dijo a sus acusadores cuando fue juzgado que su reino no era de este mundo. Y ellos preguntaron las mismas preguntas que muchos de nosotros quizás también nos hacemos: ¿En qué consiste ese reino? ¿Cómo lo encontraremos? Pues hay que saber, que no se basa en estructuras políticas ni está limitado por el espacio ó el tiempo. El Reino de Dios es espiritual, universal y eterno. Se basa en la fe, la justicia y el amor. A ese reino entramos por el bautismo. Los miembros del reino somos el Pueblo de Dios y estamos unidos por el amor mutuo y la gracia divina. Por eso la Iglesia nos dice que el Reino de Dios ya está presente en este mundo, entre nosotros.

Cuando Pilato le preguntó a Jesús, "¿Eres tú el rey de los judíos?", Cristo le contestó, "Soy rey. Yo para esto he nacido y para esto he venido al mundo; para ser testigo de la verdad. Todo el que es de la verdad escucha mi voz". Pilato era un hombre de sus tiempos. No se fiaba de ninguna persona que no fuera romana. No creía lo que Jesús le decía y tampoco comprendía la naturaleza del reino del que le hablaba. Y, desde luego, no quería reconocerlo como rey.

Cuando se encontraba ante Pilato, Cristo no mostró su poder y su gloria. Pero al final de los tiempos, cuando venga majestuosamente, entonces sí los mostrará. Regresará como Rey de Todo el Universo. Y la maldad, el odio, la hipocresía y la soberbia de este mundo no podrán eclipsar su gloria y todo su inmenso poder.

Como cristianos estamos obligados a luchar por ese reino de justicia, de amor y de paz que vino a establecer Cristo. Tendremos que dar testimonio de la verdad, pregonando nuestra fe ante el mundo y llevando la Palabra de Dios a todas partes.

En la fiesta de hoy, Día de Cristo Rey, recordemos que los que muestran su amor a Dios sirviendo a sus hermanos y hermanas con humildad, los que practican obras de misericordia y rechazan el egoísmo y la violencia, los que siguen los mandamientos y las enseñanzas de Jesús, esos entrarán en el Reino. Pero para los egoístas, los soberbios y duros de corazón no habrá lugar en el Reino de Dios. Cuando colaboramos en la extensión del Reino, procurando hacer más humano y más cristiano este pequeño mundo en el que vivimos, podremos decir que somos verdaderos seguidores de Cristo Rey.

¡Que Cristo reine en nuestros corazones, en nuestros pensamientos y en nuestras acciones, siempre y en todas partes! ¡Viva Cristo Rey!

Our Lord, Jesus Christ, King of the Universe
Cycle B Book 1
Readings: 1) Daniel 7:13-14 2) Revelation 1:5-8 3) John 18, 33b-37

Today we celebrate the Solemnity of Our Lord, Jesus Christ, King of the Universe. With this feast we close this liturgical year during which we celebrated all of the mysteries of the life of Jesus. This day, one of the greatest of the year, is like a summary of the entire salvation mystery.

When Christ, the King of the Universe and Our Savior, came to this world, it was not as the Jews of the Old Testament thought He would. They expected a king who would liberate them from the foreign empires that oppressed them. The New Testament teaches us that the reign of Christ, the Kingdom of God, is not of that kind. It is a kingdom of justice, love and peace.

This celebration of the reign of Christ over all of creation gives us an opportunity to reflect on the nature of the Kingdom of God. The Lord said to His accusers when He was being judged that His kingdom was not of this world. And they asked Him the same questions that many of us might also ask ourselves: What is this kingdom? Where will we find it? Well we should know that it is not based on political structures nor is it limited by space and time. The Kingdom of God is spiritual, universal and eternal. It is based on faith, justice and love. And into this kingdom we enter through Baptism. The members of the kingdom are the People of God and we are united through mutual love and divine grace. That is the reason that the Church tells us that the Kingdom of God is present in this world, among us.

When Pilate asked Jesus, "Are you the king of the Jews?" Christ answered, "I am a king. For this I was born and for this I came into this world, to give testimony to the truth. All who are of the truth hear my voice." Pilate was a man of his times. He did not trust anyone who was not Roman. He did not believe what Jesus said, nor did he comprehend the nature of the kingdom that Jesus talked about. And, of course, he did not recognize Jesus as a king.

When He was before Pilate, Christ did not show His power and His glory. But at the end of time, when He returns majestically, then He will show them. He will return as King of All of the Universe. And the evil, hatred, hypocrisy, and arrogance of this world will not be able to eclipse His glory and His immense power.

As Christians we are obliged to struggle for that kingdom of justice, love and peace that Christ came to establish. We have to give witness to the truth, proclaiming our faith before the world, and spreading the Word of God in all places.

On this feast today, the Day of Christ the King, let us remember that those who show their love of God, serving their brothers and sisters with humility, those who practice works of mercy and reject selfishness and violence, those who follow the commandments and teachings of Jesus, those will enter into the Kingdom. But for the selfish, the arrogant and the hard of heart there will be no room in the Kingdom of God. When we begin to contribute to spreading the Kingdom, trying to make this little world we live in more humane and more Christian, we will be able to say that we are truly followers of Christ the King.

May Christ reign in our hearts, in our thoughts and in our actions always and everywhere. Long live Christ the King!

ort and strengthen the Church that Jesus founded. That is our mission. And we should try to carry it out, as the apostles did, with courage. Our mission should be grounded in sincerely following Christ, in defending his Church, even when we know it will be difficult, without caring about threats or persecution.

www.ingramcontent.com/pod-product-compliance
Lightning Source LLC
LaVergne TN
LVHW061313060426
835507LV00019B/2127